Giorgio SIMEONE

VA DOVE TI PORTA IL POTERE

Breve storia di un abituale prevaricatore
'convertitosi' a *vivere nel 'branco'* e con il branco
anziché contro il branco *o contro altri branchi.*

Ai miei genitori ed a tutti coloro che, presenti e passati,
mi hanno donato scientemente o inconsciamente
anche un solo sprazzo della loro esperienza
ed una scintilla del loro amore alla vita.

Indice

VA DOVE TI PORTA IL POTERE

La sfida.

Alcuni giovani stanno giocando a palla sul sagrato della chiesa di una allegra cittadina stesa alle propaggini di ridenti colline, punteggiate da viti e castani, ma ancora immerse nel sonno invernale. In un momento di pausa, uno di essi, avvicinandosi alla fontanella che adorna la piazza, si mette a scherzare coi passanti ed interpella a bruciapelo un attempato signore appena uscito dalla chiesa.

"Ehi! Vecchio! Mi dici perché credi in Dio?" .

"Io, risponde il signore stando al gioco, non credo ancora o forse non credo più in Dio. Dimmi invece tu che cosa è per te il Bene ed il Male, o meglio come distingui tu il bene dal male."

"Non so se ho una risposta per lei signore, ma le posso dare la mia risposta. Può scegliere tra due assunzioni opposte, perché tutte le altre si riducono sostanzialmente a queste due:
la prima nuda e cruda suona così:

> è bene ciò che mi torna comodo, solo ciò che fa piacere a me e tutto il resto non conta nulla, non è vivere.

la seconda, più armoniosa ma non per questo meno cruda, suona così:

> è bene ciò che corrisponde all'imperativo di non fare agli altri ciò che non vorresti fosse fatto a te ed invece fare agli altri ciò che vorresti fosse fatto a te; cioè è bene l'agire nel rispetto assoluto per ogni altro individuo e per noi stessi.

Nulla di nuovo, come vede, ma non c'è una possibilità

intermedia. Ogni tentativo di attenuare la crudezza delle due assunzioni è ipocrisia.

Nel primo caso il mondo viene governato dalla legge della giungla, vince il più forte anche quando sopraffà e uccide i suoi simili per puro divertimento e non per bisogno o per difesa.

Nel secondo caso si potrebbe vivere in pace con tutti se non si lasciasse poi crescere con molta facilità la pianta dell'ipocrisia. Ma è certo che finché sulla Terra qualcuno soffrirà, magari anche per causa nostra, non ci sarà pace.
Io cerco di essere fedele al comportamento che privilegia il rispetto degli altri, anche se può costare molto. Questo per me divide il bene dal male."

"Mi sembri abbastanza sicuro di te, giovanotto!"

"Caro signore, ci ho pensato a lungo, anche se ho appena 20 anni, e non ho trovato alternative. Lei ha da propormene qualcuna?"

"Temo di no, giovanotto, ma che cosa volevi ancora dirmi?"

"Se il nostro comportamento verso chi ci circonda è allora quello che i Romani chiamavano 'homo homini lupus' , cioè consideriamo i nostri simili come bestie o schiavi al nostro servizio, numeri, massa, per la quale non ci pensiamo su due volte a passare sopra i loro cadaveri, se così ci torna utile o comodo, allora non c'è scampo alla guerra. I popoli continueranno a combattersi ed i singoli a sopraffare, distruggere chi li circonda. Se invece rispettiamo gli altri come rispettiamo noi stessi, allora può nascere l'amicizia, la solidarietà e perfino il sacrificio di ciascuno di noi per gli altri. E' il comportamento che ogni forma di spiritualità, ogni religione, considera la massima espressione di amore, cioè il dono di se stessi al servizio di un'altra persona."

"Ma tu credi veramente in quello che mi stai dicendo?"

"Non è questione di credere. O ti comporti in un modo o nell'altro. O vuoi la guerra o vuoi la pace. Ed ogni momento siamo chiamati a scegliere. Può esserci il giuoco alla guerra od alla pace finché sei alla ricerca di Dio. Ma nel giuoco devi sempre fermarti prima di offendere."

"E quali sono le regole per non offendere?"

"Sono piuttosto universali ed universalmente riconosciute, perfino nei Diritti dell'Uomo del cui rispetto si vantano le organizzazioni internazionali."

"Giovanotto, mi stai proponendo i Comandamenti della religione cristiana ed ebraica?"

"Non proprio. Sto semplicemente cercando di individuare che cosa significa rispetto assoluto dei miei simili. E visto che ha nominato i Comandamenti, cominciamo da quelli:
rispetta i tuoi genitori; e poi rispetta la vita di un altro uomo, rispetta la proprietà di un altro uomo, rispetta il lavoro di un altro uomo; rispetta te stesso nel non lasciarti travolgere dal piacere sfrenato dei sensi, ma tenta sempre di controllare le tue pulsioni e soprattutto non insidiare mai chi accende, rende luminoso ed accogliente e custodisce l'altrui focolare domestico: potresti distruggere in un soffio i sacrifici e le attese d'amore di un'altra vita, e delle giovani vite che crescono all'ombra di quel focolare, senza alcuna possibilità di ritorno; rispetta te stesso nel dire sempre ciò che pensi e ciò che rispecchia la realtà delle cose, cioè rifuggi dall'ipocrisia; rispetta le tue capacità

creative senza invidiare le cose degli altri e senza insidiare le donne degli altri, ma prova sempre a conquistare da solo ciò che ti serve.

Ed ogni religione ha una sua etica molto simile a questa ora citata, ma trovo quella cristiana la più sinteticamente completa, espressiva, diretta, e che più si attaglia ad un comportamento fiero e degno della scintilla divina che brilla nella mente dell'uomo, finché l'uomo stesso non vuole sopprimerla."

"Non hai citato i primi tre Comandamenti."

"No signore, quelli riguardano la ricerca di Dio, e noi stiamo ancora parlando della ricerca dell'uomo, del rapporto tra uomo ed uomo, perché ogni nostra azione sia di creazione della vita, sia rivolta a lavorare insieme per godere insieme la vita che la Natura ci concede, e non a lavorare uno contro l'altro per sfruttare l'altro a nostro vantaggio. E' sempre questione di volere la pace o di volere la guerra. Vede, noi qui stiamo giocando per il piacere di giocare, di buttare una palla all'avversario cercando di non fargliela prendere, ma senza prenderlo a calci per questo e senza voler avere la palla solo per noi. Stiamo giocando insieme, cercando di apprezzare e superare la destrezza dei nostri compagni, ma giochiamo insieme, anche se siamo divisi in due squadre contrapposte."

"Ma, proprio la nostra maggior attività giornaliera, il lavoro non è un giuoco, è spesso una competizione senza esclusione di colpi bassi, quando non è aggressività appena dissimulata."

"E' qui l'errore: il lavoro è ormai così interconnesso che non può che essere una dedizione comune alla stessa causa di vivere insieme in pace, visto che l'uomo vive comunque in branchi e non è un solitario; e ciascuno nel branco dà comunque il suo apporto ed ovviamente deve venir compensato in funzione di ciò che dà. E qui torniamo alle regole per vivere insieme; il cristiano le dirà che sono scritte o scolpite nell'animo di ciascun uomo, e che si sentirà realizzato, cioè lieto di se stesso, solo quando avrà trovato modo di rispettarle sempre. Altri, come buddisti o confuciani o maomettani o animisti le diranno che ci sono le regole minime indispensabili perché esista e prosperi un branco, cioè una comunità, e quivi ognuno deve trovare anche le sue regole di meditazione: una forma per rivolgersi al Dio Creatore.

E l'unità elementare del branco è la famiglia, primo posto dove devono esistere ed essere osservate le regole di convivenza, altrimenti la famiglia, grande o piccola, si dissolve, così come si dissolve una società che non rispetta le elementari regole di convivenza."

"Ma se la gente ti imbroglia, che cosa fai?"

"Reagisco e chiedo rispetto, se necessario mostrando i denti, ma senza azzannare finché non stanno per azzannarmi. In quel momento non sono più responsabile solo di me stesso, ma anche della mia famiglia e dei miei amici che contano su di me, e mi potrebbe essere richiesto l'uso della mia forza."

"Ehi, Giovanni, torna a giocare, abbiamo bisogno di te."

"Arrivo subito, Francesco. Buongiorno signore, se vorrà, domani sera potrà trovarmi ancora qui."

"O.K., a domani giovanotto."

"Giovanni che fai? Lascia in pace i grigi vecchiacci!"

"Sembra simpatico e poi voleva giocare anche lui.

Tornerà domani.”

Il giorno dopo Giovanni è ancora sul sagrato con gli amici e si discute di canzoni e cantanti, e del tempo passato davanti alla TV.

“Buona sera Giovanni”

“Buona sera signore”

“Perché ieri mi hai interpellato?”

“Vede, stiamo impostando una ricerca sul modo di passare il tempo degli anziani, o meglio di chi ha superato i 65 anni, e mi è sembrato che lei potesse accettare di fare una chiacchierata od una intervista.”

“Se ti può essere utile sono disponibile, anche se da quando è morto mio figlio in un incidente, sono molto poco portato a chiacchierare; ho un tarlo che mi rode e mi riporta sempre a pensare a lui: nessun genitore dovrebbe mai sopravvivere ai suoi figli! Ma dopo quanto hai detto ieri, voglio rigirarti la domanda: tu credi in Dio?”

“Si signore. Capisco la grossa difficoltà di comprendere un Dio che ci lascia giocare con il male, sulla Terra, ma rispetta le nostre azioni ed è sempre disponibile se lo cerchiamo. Ma credo che possiamo tranquillamente sentirci in buona compagnia con uno scienziato e pensatore eccezionale come Blaise Pascal, quando dopo molto tormento interiore afferma: ' Il mondo con Dio è un mistero, senza Dio è un assurdo. Preferisco il mistero! ' Anch'io preferisco il mistero, perché senza Dio la nostra vita non ha alcun significato se non quello di farci crescere per renderci schiavi del piacere o della violenza. Ma se lei cerca una prova certa, galileiana dell'esistenza di Dio, non la troverà mai perché Dio non è inscatolabile nella nostra logica.”

"Ma che cosa ti conduce a questa scelta?"

"Non so se le è mai capitato signore, di sentirsi tanto felice di vivere da non poter fare a meno di ringraziare la Vita per essere in questo mondo, di poterlo vedere, sentire, toccare, fiutare e gustare questo strano mondo. Ma le dirò quando a me capita di riconoscere un Creatore e di doverlo ringraziare.

Un'alba radiosa su una montagna ovattata da una fresca nevicata, in mezzo ai pini che non aspettano altro che i tuoi passi per scaricarti addosso il loro carico di soffice neve polverosa, col sole che illumina di una luce rosata indefinibile le cime degli alberi più lontani e poi via via arriva fino a baciarti e a far brillare i cristalli di neve che stai calpestando come infiniti fantasmagorici diamanti, e tu sferzato dalla brezza del mattino ti senti forte e pronto ad affrontare ogni fatica della giornata; ti senti un minuscolo ma forte elemento di quella splendida natura che ti circonda: non ti scappa di sentirti una parte viva e grata al Creatore di quelle meraviglie che quasi offuscano i tuoi sensi per l'intensità della sensazione, della gioia di essere lì presente e di sentirle, vederle, toccarle, assaporarle?

O sul mare, al largo, in una calda giornata estiva, su una barca dove si deve giocare col vento per guadagnare le acque che si vogliono raggiungere, sotto un cielo blu ed un mare quasi cristallino, di un verde-azzurro intenso, con uno scafo agile ed al tempo stesso fragile, dove senti tutta la tua sfida con la forza del mare e del vento, non hai mai sentito di dover ringraziare almeno i tuoi genitori di essere al mondo?

O in una notte di luna, su una bianca spiaggia con lo sciacquio dolce delle onde della risacca, il fruscio di un vento gentile che ti accarezza la pelle, le stelle ammiccanti sopra il tuo capo ed accanto la armoniosa figura delle forme pulsanti di vita della tua innamorata.

Non hai mai provato dentro di te l'impulso di gioire per sentirti immerso nella Natura, per far parte di un creato che pulsa, ordinato e pieno di vita, nonostante le capacità distruttive degli uomini che la natura vogliono sempre sfruttare, renderla possibilmente schiava dei loro desideri, e non riescono mai a contemplarla, a fermarsi, a farne parte per più di qualche istante di felicità?

O in una notte quasi estiva, in una campagna resa magica dalla luce di una falce di luna, provi ad ascoltare la melodia di un usignolo, tenendo per mano la tua compagna, e ti lasci inebriare dal profumo della notte, estasiato da un crescendo e da un rincorrersi di note che scendono fino in fondo all'anima.

Se lei ha provato o riesce ad immaginare queste cose, non può esimersi dal chiedersi se qualcuno governa o per noi o a volte apparentemente contro di noi, tutte queste cose; e può apprezzare la profonda serenità e semplicità di questa nota poesia di Aleardo Aleardi:

Nell'ora che pel bruno firmamento
comincia un tremolio
di punti d'oro, d'atomi d'argento
guardo e dimando: "Dite o luci belle,
*   - ditemi che cosa è Dio?"*
ORDINE mi rispondono le stelle

Quando all'april la valle, il monte, il prato
i margini del rio
ogni campo è dai fiori festeggiato,
guardo e dimando: "Dite o bei colori,
  - ditemi che cosa è Dio?"
  BELLEZZA mi rispondono quei fiori

Quando il tuo sguardo innanzi a me scintilla,
amabilmente pio,
io chiedo al lume della tua pupilla:
"Dimmi se sai bel messagger del cuore,
  - dimmi che cosa è Dio?"
  e la pupilla mi risponde AMORE

Lei ha sicuramente avuto almeno una volta, un moto di gratitudine per il musicista che è riuscito a trascinarla nel ritmo incalzante di un ballo, facendola vibrare in tutto il suo essere, o per un cantante od un corista che è riuscito a portarla sulle ali dell'infinito con la sua melodia.
Ma ancora più terra terra.
Non si è mai trovato davanti ad una pietanza squisita o davanti semplicemente ad una pastasciutta fumante mentre era affamato o davanti ad una bibita dissetante fatta a regola d'arte, e sentire il bisogno dirompente di ringraziare dentro di sé, non solo chi l'aveva preparata, ma tutti coloro contemporanei ed antenati che con la trasmissione delle loro conoscenze hanno reso possibile provare questa esperienza, soddisfare i suoi desideri, avere quello che lei ha? Lei non ha costruito la sua casa, non ha prodotto i cibi che consuma, non ha costruito la sua automobile, ma utilizza giustamente l'opera e l'esperienza di altri, di tutti gli

altri che ci hanno preceduto. E non ha mai sentito di dovere omaggio al lavoro degli altri, lavoro che lei ha acquisito o conquistato scambiandolo con il suo, ma che utilizza, usufruendo della loro opera, del loro ingegno, del loro impegno alla vita?

Forse non se ne è reso conto, ma tutte queste persone le hanno trasmesso una scintilla del loro amore alla vita.

Se riesce a sentire queste cose può anche seguirmi nella restante sfida che le lancio: *perché credo nel Dio cristiano.*

Una favola vera, storica come è storico Pericle, Alessandro Magno o Cleopatra, una favola che nessun occidentale od orientale può evitare di conoscere e valutare.

Nessun uomo avrebbe mai potuto inventare la favola di un Dio cristiano, così controproducente, così contraria alla natura dell'uomo, per sua natura egoista. I sensi ed i pensieri dell'uomo inclinano sin dalla adolescenza al male, come dice chiaramente anche la Genesi 8,*21.* Eppure ecco il Dio che si fa uomo, sceglie di vivere la vita degli uomini nelle condizioni più difficili di sopravvivenza, si mette alla testa di una contestazione globale del comportamento dell'uomo, si mette a servizio dell'uomo, Lui onnipotente, fino a sacrificarsi ed a morire crocifisso per amore dell'uomo, e poi risorge il terzo giorno e promette di essere con l'uomo ogni giorno fino alla fine dei secoli, e di attrarre tutti a sé con il suo esempio.

Quale uomo avrebbe mai potuto inventare verosimilmente una simile favola, contraria ad ogni logica umana, ad ogni impulso umano? Non può essere, non è frutto di una mente umana. E Dio lo trova proprio là dove non crederebbe mai di trovarlo. In un bambino che piange e nel suo sorriso se riesce a consolarlo; nella terribile esperienza di un campo di concentramento, magistralmente rappresentata da Benigni ne 'la vita è bella'; nel lanciare una fune di salvataggio al suo peggior nemico che sta correndo verso la catastrofe; o nel 'testamento' di Anna Frank, che riesce a dire, dopo due anni di penosissima prigionia: "eppure, nonostante tutto, io credo ancora che in fondo in fondo gli uomini siano buoni". Tutte queste piccole o grandi cose, se riescono ad arrivare al suo cuore, sottintendono un atto di fede nel destino dell'uomo, che supera l'esperienza terrena. Ma tutte hanno in comune una cosa: la capacità di ringraziare la vita stessa per essere vivi, cioè Dio che in ogni momento sorregge, supporta il nostro corpo e la nostra anima anche se ci stiamo rivoltando contro di Lui."

"Hai molta fantasia giovanotto, anche se i tuoi argomenti non sembrano stupidi".

"Caro signore, non deve aver paura di guardare in faccia la realtà. O accetta di vivere insieme a Dio o di vivere senza Dio, e fatalmente finirà per vivere contro Dio, perché inevitabilmente non rispetterà gli altri, ma solo se stesso e forse neanche se stesso. E calpestare gli altri, significa calpestare Dio e tutto ciò che sta a noi intorno, senza saper apprezzare una notte di stelle, la furia del vento o del mare, la severa austerità della montagna o il sorriso di un bambino, il fascino del deserto o di una prateria sconfinata."

"Vedi giovanotto, io avevo costruito un impero per mio figlio, e non ho esitato, se necessario, a passare sopra i cadaveri degli amici per conquistarlo. Ma temo di essere passato senza avvedermene, anche sul cadavere di mio figlio"

"E' sicuro di essere stato così distruttivo? E' vero che costruire un impero per lasciarlo ai propri figli può essere solo una scusa, troppo spesso una ipocrisia per nascondere a se stessi il proprio egoismo, il proprio egocentrismo, la propria idolatria per il denaro. Forse lei non è stato proprio così distruttivo, si è lasciato trascinare dagli eventi. Ma apostrofandola ieri non volevo crearle nuovi problemi!"

"Non importa, ora avrò un tarlo in più, ma te ne ringrazio, giovanotto. Sto partendo per un lungo viaggio, ma spero di ritrovarti al mio ritorno; se vorrai riprenderemo il discorso."

"Certo signore. Buon viaggio, e se ripensa a questa breve chiacchierata, scacci il suo vecchio tarlo che la rode. Non può continuare a vivere nel rimorso del passato, ma eventualmente solo condizionato dall'esperienza del passato. E se non è in pace con se stesso, non prenda decisioni affrettate, ne drastiche, e si conceda un momento di vera riflessione: pensi e agisca come se oggi fosse l'ultimo giorno della sua vita o il primo dei suoi prossimi cento anni. E' un po' forzato parlarne ora che ci salutiamo, ma a questo punto possono aiutarla gli altri tre Comandamenti che si riferiscono al nostro rapporto con Dio, dettati dalla fede in un Dio Creatore: ' Io sono il tuo Dio e sono anche un Signore geloso della mia unicità: nel tuo cuore non deve trovar posto un altro Dio; non nominarmi o invocarmi senza motivo e ricordati di pregare sempre il tuo Signore in particolare quando riposi dalle tue fatiche e sei pronto a ringraziarmi dal profondo di te stesso della mia continua disponibilità a supportarti come mia creatura anche quando ti allontani da me.' Per un Dio vivo è il minimo omaggio che si possa pretendere per partecipare alla sua Creazione. Provi a chiedersi se questo rapporto non lo ha proprio mai preso in considerazione, e le verrà anche l'aiuto per scacciare il suo vecchio tarlo, se vuole con uno nuovo, ma di estrema fecondità. Chiodo scaccia chiodo, è vero anche qui. La prego, non mi consideri un saccente presuntuoso, è solo un suggerimento provato sulla mia pelle."

"Grazie Giovanni, non so se sarò in grado di seguirlo, vincendo il mio orgoglio. Ci rivediamo dopo Pasqua, arrivederci"

"Arrivederci signore, ma è solo carnevale, e non si dia troppo pensiero! Se comunque vuole rintracciarmi il mio indirizzo e-mail è semplicissimo 'gsosg@libero .it'. Arrivederci."

"Grazie gsosglibero, arrivederci!"

Il lavoro del tarlo.

Dopo alcune settimane Francesco e Giovanni, compagni di corso a Sociologia, ancora impegnati a realizzare interviste per una indagine su come gli anziani vivono la loro giornata, si riposano sul sagrato della chiesa da una intensa giornata.

"Giovanni, ci mancherebbe ancora una sola persona per completare le interviste. Non ho più visto il vecchiaccio che avevi fermato a carnevale."

"Infatti sta facendo un lungo viaggio; mi ha mandato ieri un e-mail, che non aspettavo assolutamente. E' stato a Bangkok, Hong Kong, Kyoto, San Francisco, Washington e ha ancora in programma Londra, Parigi ed altre città europee; mi ha chiesto se può inviarmi un suo memoriale che sta ancora completando, per eventualmente parlarne al suo rientro, per il quale non ha ancora alcuna idea della data. Credo si occupi di informatica ad alto livello."

"Ma non perder tempo, Giovanni, con questo signore che non ha mai perso un sorriso mentre io ti aspettavo a giocare"

"Forse hai ragione, Francesco, ma sembra più interessante di quanto possa apparire a prima vista: potrebbe anche essermi utile per la mia tesi sul management, ammesso che il professore me la confermi. Vedremo.

Leggere qualche e-mail non costa molto, e può forse servire ad aiutare quel signore a vincere il tarlo da cui afferma di lasciarsi rodere.

Abbiamo ancora due giorni utili per finire la nostra ricerca. Riprendiamo domani, ciao Francesco."

Giovanni arriva la mattina dopo all'università portando tra i libri anche un nuovo e-mail del vecchiaccio, come lo ha battezzato Francesco.

"Ciao Cesco, mi è arrivato un altro messaggio del vecchiaccio; è pure romantico:

'Caro Giovanni, ti scrivo dal mio pc portatile, seduto su una roccia a quasi duecento metri a picco sul mare. Il granito, che è dominante in quest'isola, è scavato dal vento e foggiato in forme bizzarre, in cui si possono ravvisare diversi animali o figure umane nelle posizioni più strane. Sotto il sole, senza l'ombra di una nube, il mare delle due baie sottostanti è di un bel colore smeraldo quasi indefinibile, increspato da ondine spumeggianti, bianche che si perdono all'orizzonte. Ti scrivo perché non so quando tornerò; ho deciso di interrompere il mio lavoro che mi ha portato in giro per il mondo, fermandomi una settimana tra un lavoro impegnativo ed un altro, in un paesino lontano da qui pochi chilometri, anziché tornare nella mia solitaria casa.

Un intenso profumo del bosco di pini che arrivano con il loro ombrello fin quasi a riva, mi ha accolto all'arrivo e mi ha accompagnato lungo il sentiero che si inerpica a questa roccia. Da qui si domina il mare e la parte occidentale di questa isoletta, coperta della più bella e varia vegetazione mediterranea, da cui emergono qua e là ulivi e querce. Anche vecchie querce fiancheggiano il sentiero, ed ho intravisto dei cinghialini, credo molto addomesticati, perché grufolanti vicinissimi a vecchie baracche riattate a bar-ristoro durante i fine settimana.

Sono in mezzo ad una natura fantastica ma non sono in pace. Mi sembra quasi di essere febbricitante benché questo posto incantevole, lontano da ogni traccia di lavoro frenetico, induca forzatamente alla riflessione. Ti ho accennato che sul lavoro e fuori, non ho esitato a passare sui cadaveri anche degli amici, pur di ottenere il successo ed il potere. Se appena riuscirò a rianalizzare il mio passato, domani te ne scriverò, così se non vorrai o non potrai ascoltarmi, non farai altro che spedire con un tasto la posta nel cestino. A presto. Il vecchiaccio, come ho sentito mi appellava il tuo amico Francesco, mentre me ne andavo via.'

Che ne dici Francesco?"

"Sono sempre del parere che il mio appellativo è azzeccato, comunque nulla ci vieta di attendere il seguito. Vedremo se ci sarà. Ora devo andare a lezione. Ciao Giovanni."

"A più tardi, ciao Francesco"

La sera Giovanni trova nella posta elettronica un lungo messaggio del 'vecchiaccio'.

"Caro Giovanni, ti invio una prima parte del memoriale che sto scrivendo, quasi come confessione a me stesso di quanto avrei potuto fare in modo diverso e più costruttivo per tutti coloro che ho incontrato.

Ho iniziato a lavorare, fresco di studi universitari, con un capo di pochi anni più anziano, la cui unica ambizione era quella di fare carriera senza molti scrupoli di coscienza su come apparire sempre il migliore. Mi fece analizzare quale fosse il modo più conveniente di procedere per eseguire un determinato lavoro, e poi al momento di eseguirlo ne tagliò la parte preparatoria essenziale di verifica dei dati di partenza; nonostante la mia tenace contrarietà, espressa anche in una relazione scritta, obbligò la mia squadra a procedere ugualmente, per mostrare che si poteva ottenere più in fretta il risultato voluto, ma finì giustamente in un fiasco. Mi incolpò del suo errore, di quella che era stata una sua precisa arrogante scelta, senza che io novellino mi potessi efficacemente difendere, e mi fece licenziare.

Da allora il mio imperativo sul lavoro fu quello di trovare sempre il modo più immediato per fregare il prossimo che poteva ostacolarmi. Così, non appena ebbi qualche responsabilità, mi misi a spiare il comportamento di collaboratori e superiori, anche con sofisticati mezzi elettronici, e non mi fu difficile trovare qualcuno in castagna e farlo cadere anche se aveva sbagliato solo per ingenuità. Così mi trovai a diventare rapidamente responsabile assoluto di un reparto la cui efficienza era ferrea ma non spontanea, e dove la delazione poteva confondersi con la calunnia, e non era punita.

Isolavo anche coloro che non stavano al giuoco, togliendo loro progressivamente il lavoro finché non se ne andavano per disperazione.

Dopo qualche anno in cui prevaricare era quasi diventata un'abitudine, cambiai ditta. Una conduzione di qualsiasi insieme di lavoratori che sia troppo impositiva, finisce per produrre guai. L'uomo ha una natura creativa, ed ovunque questa sua forza innata non riesce ad esprimersi, nasce la frustrazione che è sovente madre della violenza, quasi mai del risveglio dell'amore. Chiunque ti impedisca di essere creativo, viene alla fine odiato, ed io sentivo di esserlo. Passai ad una produzione elettronica modesta ma di buon livello. Con un compagno di studi impiantammo anche una società che si difendeva bene sul mercato, ma senza attaccare con innovazioni. Il mio socio nicchiava su proposte importanti. Così decisi di provare ad eliminarlo nel modo peggiore. Feci votare un aumento di capitale cui lui non poteva partecipare per banali motivi contingenti che io conoscevo, e manovrai in modo che acquistai in breve il controllo della società con l'80% del capitale. Poi vendetti la società, compreso lui che ne era il direttore di produzione, ad un concorrente che lo eliminò ben presto, mentre io assurgevo ai vertici della relativa società madre americana. Lui non si è più ripreso e, dopo che la moglie lo ha abbandonato, è finito in una casa di cura per depressi, ove non ho mai avuto il coraggio di andare a trovarlo. Ho continuato a scegliere sempre la strada che mi portava sempre più vicino al potere, non solo economico. Ma a questo punto mi è rimasto un pugno di mosche. Mia moglie non mi ha mai seguito sulla strada del potere, anche se ha gradito le convenienze economiche che ne derivavano, e mio figlio che ha, fin dall'inizio del suo lavoro, detestato la strada del potere che io perseguivo, è caduto in un incidente sul lavoro, per salvare un suo collega che aveva fatto una manovra pericolosa per l'intera sua squadra. Il mio attuale impero non serve più a nulla, non ha più alcuno scopo; ora potrei andare in pensione, ma temo mi roderei ancora di più il fegato, di quanto sia portato a fare ora, che non ho tempo di pensare alle mie infinite mancanze nei confronti degli uomini che hanno attraversato il sentiero della mia vita. Credi che sia possibile venirne fuori?

Producendo ancora qualche cosa di positivo per chi mi circonda?"

La mattina seguente Giovanni e Francesco imbastiscono rapidamente una replica.

"Caro Vecchiaccio, crediamo di aver già imparato che la cosa più difficile nella vita è quella di ammettere di aver sbagliato, soprattutto ammetterlo davanti agli altri, se non a se stessi. E difficilmente possiamo aiutare un altro a riconoscere i suoi errori, ma forse possiamo aiutarlo a scegliere con meno fatica la nuova strada, dopo che ha deciso di cambiare registro.

Lei può ora cercare di utilizzare la sua esperienza per indirizzare chi la circonda od i giovani che incontrerà, che sempre ne hanno bisogno, anche se non lo ammettono, a fare il meno errori possibile. L'entusiasmo giovanile porta a volte a trascurare cose essenziali: farle invece apparire essenziali può essere un suo compito, mentre non potrà essere suo compito sostituirsi al giudizio giovanile. Diceva J.P. Richter '..non s'incontra che nei giovani l'odio ardito dell'usanza, necessario per combatterla e vincerla, e l'entusiasmo che trascina con la fede che guida..'

Forse le è successo con suo figlio, che lei volesse guidarlo senza tener conto della sua personalità; può essere molto pericoloso spegnere la fede del giovane intraprendente con una imposizione di saggezza; per questo aiutare un adepto ad inserirsi nel nuovo lavoro è una impresa di estrema sensibilità; proprio quell'azione che lei in fondo, rimpiange di non aver fatto nei confronti di suo figlio, e per cui la sfiora ancora il dubbio che non ne valga comunque la pena.

Se lei riuscirà ad intervenire nell'orientamento di un giovane, o nella sua pratica scelta contingente in modo che la decisione finale sia sentita come sua, veramente sua, allora avrà costruito in lui una solida base di proficua intesa con chi gli sta accanto e di creativa scelta autonoma per ogni suo impegno futuro.

Se pensa di andare in pensione, questa può essere una occupazione creativa, di cui conosce bene i limiti ed il non facile successo, ma anche l'estrema importanza per il nostro futuro.

Cordiali saluti da Giovanni e Francesco, e arrivederci al suo ritorno."

La marcia della pace.

Qualche giorno dopo Francesco e Giovanni sono sulla piazza del sagrato, mentre passa una manifestazione per la pace, quando Francesco intravede tra la folla il vecchiaccio che si sta dirigendo verso di loro.

"Giovanni, guarda guarda il tuo vecchiaccio, non si capisce se manifesta o cerca noi."

"Salve ragazzi, pensavo di trovarvi tra i dimostranti"

"No grazie, l'amore per la pace va dimostrato in altro modo, nel fluire della vita di tutti i giorni, non ostentandolo con bandiere e striscioni che si prestano a strumentalizzazioni assolutamente partigiane, e spesso non corrispondono ad un vero impegno personale"

"Ma Giovanni, avete scelto perfino un piacevole colore iridato, che non sta neppure troppo male sulla facciata della chiesa!"

"Non è sventolando od ostentando stendardi che si costruisce la pace; quanti di questi manifestanti intervengono a smorzare una rissa tra vicini magari insorta per un banale pezzo di orto calpestato, o bloccano un mariuolo che sta per borseggiare una vecchietta, o restituiscono come lo hanno ritrovato un portafoglio pieno, o semplicemente fermano un pedone che vuol attraversare di corsa la strada mentre sopraggiunge un ciclista spericolato, o non accelerano la loro più o meno potente autovettura mentre li stai per sorpassare, o fanno regolarmente il loro dovere di elettori, anche quando la politica li disgusta? Pace significa anche non fare lo sgambetto al tuo vicino di giuoco che ti corre accanto per raggiungere prima di te la palla, oppure non far mancare il tuo determinante apporto al compagno di lavoro che conta invece sulla tua collaborazione efficace per terminare in tempo utile il lavoro comune. Poco fa uno dei dimostranti si vantava di non aver pagato né il biglietto del treno né quello del tram, facendo fesso il controllore. Pensa che ciò sia compatibile con il rispetto degli altri, e quindi con l'amore per la pace?

Lei sorride forse divertito se il suo migliore amico si vanta di evadere pesantemente le tasse, oppure ha il coraggio di intervenire cercando di fargli ammettere che ciascuno è chiamato a contribuire secondo le sue reali possibilità alla gestione della cosa pubblica, anche se viene maledettamente gestita male?

Anche essere evasore significa lavorare contro la pace, come prendere tangenti significa lavorare contro la pace, perché oltre ad essere ladri si uccide la libera concorrenza, si distrugge l'altrui capacità di lavoro.

Vede che ci sono infiniti modi di lavorare contro la pace, e temo che siano in pochi, troppo pochi coloro che realmente ogni giorno si sforzano di lavorare per la pace."

"Calma Giovanni, mi sembravi più pacifico la volta scorsa"

"Caro Vecchiaccio, ha ragione, ma mi scaldo ogni volta che vedo trionfare l'ipocrisia. Mettersi dietro un qualsiasi vessillo, significa impegnarsi a sacrificarsi per quel vessillo, o meglio per quello che quel vessillo rappresenta. E finché infrangeremo la legge della convivenza offendendo un altro uomo o non rispettando o distruggendo il frutto del suo lavoro o del lavoro lasciatoci in eredità da altri, non potrà esserci neppure l'ombra della pace, semplicemente perché qualcuno potrà star male o morire per colpa nostra, ed egli a questo si ribellerà, reagendo contro di noi anche se non ne fossimo direttamente colpevoli."

"Questo, Giovanni, temo sia profondamente vero: qualsiasi offesa ne richiama un'altra, anche se il Cristo in cui tu credi, ha interrotto la legge del taglione, la vendetta come insostituibile risposta all'offesa. Ma ci sono anche molti, più di quanto tu non pensi, che lavorano per gli altri spesso senza chiedere nulla in cambio; ne ho incontrati perfino io, che sul lavoro non ho mai perdonato nulla a nessuno."

"Fortunatamente signore, - interviene Francesco - c'è chi traina verso la pace, ma è vero che ci sono infiniti modi per lavorare contro la pace, e spesso li mettiamo in atto nella nostra vita di tutti i giorni. La pace non si insidia solo vendendo armi a chi le usa per aggredire e non per difendersi, ma anche inventando calunnie contro il tuo concorrente in affari, o rubando sul peso al mercato o mescolando polvere di riso e marmo alla farina del pane, o pagando in nero un dipendente che non avrà così riconosciuto il suo lavoro per la pensione, o più banalmente arrivando tardi ad un appuntamento, o non rimproverando una cattiva azione a nostro figlio, per amor di quieto vivere in famiglia, o rifiutando un aiuto a nostro figlio perché siamo impegnati in altri affari urgenti. E' in realtà lo stesso modo di non accorgersi della vita degli altri che ci stanno intorno, solo perché siamo trascinati dall'ebbrezza della velocità sulla nostra macchina o sui nostri sci o sul nostro motoscafo; e mettiamo in pericolo senza pensarci minimamente, la nostra vita e quella degli altri. Non vorrei sembrarle stupidamente insistente, ma spero di aver reso l'idea di quante piccole e grandi infrazioni commettiamo correntemente contro la pace perché non rispettiamo abbastanza noi stessi e gli altri, tutti gli altri. Cioè la pace è legata a filo doppio al reale comportamento di ciascuno di noi. Finché continueremo ad avere come scopo principale quello di sopraffare l'altro per ottenere sempre più denaro e potere, per soddisfare il nostro egoismo o semplicemente la nostra vanità, senza preoccuparci dello spreco di risorse umane e materiali che così provochiamo, non avremo pace.

Non l'ho inventato io, è l'eterno dilemma tra essere e avere, ed ognuno di noi cade fatalmente nell'avere piuttosto che nell'essere. Molti, anche nostri cari, si sono sacrificati per la pace, e noi diciamo di onorarli, ma noi li tradiamo spesso nello svolgersi della nostra vita quotidiana, perché ognuno di noi ha la vocazione dell'egoistico potere, anche se ogni tanto ci accorgiamo che serve di più aiutare un altro in difficoltà, senza chiedergli nulla in cambio."

"Francesco, hai detto una cosa molto importante: senza chiedere nulla in cambio. Io forse pretendevo troppo da mio figlio, in cambio dell'offerta della mia esperienza. Ciascuno di noi deve potersi esprimere al meglio di sé, e lasciato agire anche se vediamo che secondo noi sta sbagliando. Ma questo è un discorso che ci porta troppo lontano.
Ditemi, c'è qualche cosa che posso fare per voi?"

"Certo signor... Secchi, vedo scritto sulla sua borsa, ma si ritroverà proprio il problema che voleva evitare di affrontare.
Un gruppo di noi, anche ad alto livello direzionale ed economico, sta occupandosi di cercare di inserire al meglio i giovani che stanno entrando nel mondo del lavoro, seguendoli nei loro più o meno impellenti

problemi di scelta e di indirizzo. Se vuole aggregarsi, c'è ampia possibilità di sbizzarrirsi; Giovanni le farà conoscere il Gruppo."

"Molto volentieri Francesco; il signor Secchi si troverà a suo agio anche se nel gruppo sono tutti relativamente giovani per questo lavoro, ma hanno tutti assimilato quanto diceva sempre un mio professore alle madri che venivano a raccomandare i loro figli a scuola: ' I genitori ci sono per impedire che i figli si rompano la testa contro il muro, ma non per impedire che ve la sbattano contro, facendosi anche un po' male. Se volete farli crescere, lasciate che si accorgano da soli dei loro errori, finché le conseguenze non rischiano di essere gravi.' E' un principio valido anche sul lavoro ove si abbia a cuore la crescita del personale ed in particolare sul lavoro fatto in collaborazione tra padre e figlio. Credo che forse ora sia di questo parere anche il signor Secchi"

"Certamente ora, col senno di poi, mi tratterrei dall'imporre a mio figlio le mie esperienze, anche se, lavorando nella stessa mia azienda non potrei fare a meno di indicargli delle strade da seguire. Ma nel mondo del lavoro è un po' più difficile trovare un capo che voglia farti crescere trasferendoti la sua esperienza, e conseguentemente, nei limiti del possibile, ti copra le spalle se stai sbagliando qualcosa; il compito del mentore che mi proponete di fare per il vostro Gruppo può essere affascinante, ed è anche quello di trovare per il giovane 'apprendista', la persona guida che può e vuole farlo crescere nel nuovo lavoro. E questo, tornando al vostro discorso iniziale sulla pace, è altamente produttivo per lavorare bene, volentieri ed evitare conflitti e malintesi."

“Ma, - sbotta Giovanni - non era lei abituato ad essere un cerbero sul lavoro?”

“Certo, Giovanni, ma una volta arrivato al successo ed alla tristezza di non poter trasmettere il patrimonio della mia esperienza a nessuno, ho dovuto accorgermi della necessità di cambiare registro. Oggigiorno il lavoro è sempre più il prodotto di un gruppo di persone affiatate, che lavorano insieme; un gruppo ove ognuno sa i suoi compiti, le sue possibilità ed anche i suoi limiti e che funziona addirittura ancora meglio quando non c'è il capo a sorvegliarlo. Non serve un sorvegliante, serve un capo autorevole per la sua esperienza, capace certo di prendere decisioni rapide, ma che si possa fidare quasi ciecamente dei suoi collaboratori. Sto impostando così il mio attuale lavoro, prima di andare in pensione.”

“Non è mai troppo tardi” - osserva impertinente Francesco.

“Hai ragione, Francesco, ma io sono sempre stato curioso, anche se egoista ed egocentrico, ed invero non ho mai cessato di cercare qualcosa che mi soddisfacesse, una soddisfazione diversa da quella di comandare od essere ricco e per questo potente.”

“Finché non sarà in pace con se stesso non potrà mai trovare quel tipo di soddisfazione che lei cerca, e per essere in pace con se stesso deve prima essere in pace con gli altri, tutti gli altri che la circondano, altrimenti la sua ricerca si esaurirà sempre alla fine, in una ricerca di potere. Ma, visto che ha parlato di curiosità, la sua curiosità la avrà certo spinta a cercare una motivazione più profonda della ricerca del potere, o la sua sfida alla vita, il suo giuoco è stato solo la scelta incondizionata del potere?”

"Temo di si, Francesco, io sono sempre stato agnostico, più che ateo, e dal mio primo impatto con capi disonesti, mi sono sempre comportato di conseguenza per sopravvivere nel modo più gratificante, ma soggetto alla legge della giungla: sopravvive il più forte, il più svelto, il più attento, cioè chi è in grado di schiacciare l'avversario."

"Mi sembra piuttosto limitativo signor Secchi. Ciò che distingue l'uomo dagli animali è la capacità creativa, e l'impulso creativo nasce dall'eredità che le hanno lasciato tutti gli altri uomini che l'hanno preceduto, nasce dal suo DNA ma anche dal profondo della sua fame di vivere, di conoscere, di amare. E nell'ambiente della sola sopravvivenza, non c'è posto per la creatività, come non c'è posto per l'amore, ed a stento si crescono i figli, solo perché ci aiuteranno a sopravvivere. E non mi sembra che Lei sia stato poco creativo, anche se può essere stato più creativo nel male che nel bene.

Se ha sentito la gioia di vivere, la sua curiosità non può non averla spinta a cercare le tracce di un Dio creatore, capace di sostenere e far sviluppare la sua vita anche se lei lo rifiuta o addirittura lo combatte.

In realtà ho provato anch'io a combatterlo, e più lei lo combatte, più le sarà difficile ad essere soddisfatto di se stesso, e quindi sarà sempre più ansioso di ottenere e raggiungere la soddisfazione, che non è poi diversa dalla pace. Solo che la pace raggiunta nel male le viene immediatamente distrutta da tutti i bisogni che non può mancare di vedere attorno a sé.

Diceva Leonardo che l'uomo finisce per immedesimarsi in ciò che ama, sia esso bene o male, e quando raggiunge la cosa amata, in essa si riposa."

"Si, Francesco, hai molte ragioni, ma dimentichi che il potere è come una droga; più ne hai e ne consumi, più ne vorresti avere, e ti ci perdi senza accorgertene, perché diventa la sola cosa amata, e perdi di vista tutto il resto, cioè la vita. Ti prostituisci al potere e non sei più padrone di te stesso. Come spieghi altrimenti la serie infinita di scandali economici, dalle tangenti ai soprusi di tipo mafioso, che continuamente scuotono e popolano le società di tutto il mondo, dall'Italia all' America, dal Giappone all'Indonesia, dall'Argentina alla Cina, dalla Russia all'Africa ed all'Europa. C'è qualche Paese esente da simili comportamenti degli uomini di potere?

Ma forse stiamo andando troppo lontano. Fermiamoci, vi prego, alla vostra Fede, di cui vorrei essere più conscio."

"Veramente, - interviene Giovanni, che ha seguito attentamente il dialogo - , ciascuno ha una sua propria via alla Fede, talvolta irripetibile perché spesso è lo Spirito del Signore che ci muove verso la Fede, e suggerisce a ciascuno la sua propria strada. Io ho avuto occasione di imbattermi in un esempio eccezionale di fede vissuta, quando avevo 15 anni, ammirando il comportamento di un mio coetaneo efficientissimo, e chiedendomi che cosa lo muoveva nel suo già sicuro incedere nella vita, superando senza apparenti problemi ogni ostacolo.

Aveva acquisito una Fede incrollabile, ed una padronanza unica del proprio corpo e del proprio spirito anche attraverso la costante pratica dello yoga. Frequentandolo, ed apprendendo da lui il massimo rispetto per il proprio fisico, sono stato poi gradualmente indotto ad istruirmi meglio di quanto avesse fatto la mia educazione formalmente cristiana, sull'oggetto della sua Fede.

Ho letto i Vangeli, sono andato a spulciare la Bibbia nelle parti relative al comportamento dell'uomo più che alla cronaca storica, e mi sono accorto di una straordinaria serie di profezie fatte sul Messia, anche centinaia di anni prima della sua venuta, da Isaia a Daniele, e tutte lontanissime dal descrivere un condottiero, come attendevano gli Ebrei. Ma esattamente l'Uomo dei Dolori, destinato a riscattare l'umanità con il suo sacrificio. Ed incuriosito da questa contraddizione, di un Messia destinato ad umiliarsi fino al suo sacrificio della vita, ho cercato di rendermene conto e sono così ritornato alla fede cristiana. Ho preparato proprio in questi giorni un appunto, una traccia di ricerca, per un amico che mi ha chiesto quali fossero le più evidenti profezie su Gesù Cristo, disseminate sui testi ebraici sacri. Se vuole domani le porterò l'appunto."

"Lo vedrò volentieri Giovanni; ora che si è spento l'eco della manifestazione per la pace, posso riattraversare la città ed andare tranquillamente verso casa. A domani, ragazzi!"

"Arrivederci signor Secchi." Risuonano all'unisono le voci di Giovanni e Francesco

Le strane coincidenze delle profezie bibliche e dei Vangeli.

E' ormai una splendida sera quasi estiva e la lunga ombra della torre campanaria fa uno strano gioco di chiaroscuri sull'acciottolato del sagrato. I ragazzi raggiungono le loro biciclette e si allontanano verso la periferia, ai margini di una rigogliosa, verdeggiante campagna.

"Che cosa dici Giovanni, il nostro vecchiaccio lo abbiamo messo un po' in crisi?"

"Non credo sia così grave, Francesco, ma forse un po' di crisi di identità gliela abbiamo procurata, ma gli passa appena riprende un'attività che lo assorba a tempo pieno, come è stato fin'ora. Si dimentica presto delle nostre chiacchiere"

"Non credo, Giovanni, forse sta recuperando l'entusiasmo del ricercatore, non più di soldi, ma di uomini. Ne parliamo domani. Non vieni a yoga?"

"Non subito, stasera devo recuperare la ragazza, altrimenti mi bastona, e avrebbe ragione; veniamo poi insieme. A più tardi Francesco." "Ciao Giovanni."

L'indomani Francesco e Giovanni stanno giocando a pallone con gli amici, sullo spiazzo davanti alla chiesa, e Giovanni, intravedendo da lontano il vecchiaccio, si allontana un momento, andandogli incontro con dei fogli presi dal sacco dei suoi libri.

"Buona sera, signor Secchi, eccole l'appunto che le avevo promesso. Guardi che non è niente di speciale. È solo un appunto che può instillare in chi lo legge senza preconcetti, un ragionevole dubbio, o inserire un piccolo tarlo, che faccia riflettere sulla divinità dell'uomo Gesù descritto nei Vangeli.

Mi sembra stia diventando anche lei assiduo frequentatore vespertino del sagrato”

“E' vero Giovanni, d'altra parte il mio ufficio è poco distante, e se non esco troppo tardi, il panorama dei colli che si gode da qui è piacevolissimo. Grazie, continua pure la partita, ci vediamo dopo.”

“O.K. a più tardi”

Seduto su una panchina, il signor Secchi comincia a scorrere gli appunti, che sono una riproduzione senza commento, salvo una approssimativa datazione, di alcuni brani del Vecchio e Nuovo Testamento:

Profezie sulla figura e sulla nascita e morte del Messia risalenti ad alcuni secoli prima di Cristo, dalla Genesi, dai Salmi di Davide (ottavo secolo a.C.), da Isaia (742-693 a.C.), da Michea (742-687 a.C.) nonché sulla costruzione e distruzione del tempio di Gerusalemme da Daniele (605-536 a.C.). e da Matteo; inoltre, dai Vangeli, alcune delle testimonianze di se stesso fatte da Gesù.

Genesi *49* (10)

Oracoli di Giacobbe sulle dodici tribù.

Non sarà tolto lo scettro da Giuda
né il bastone di comando
di tra i suoi piedi,
finché verrà colui al quale esso appartiene,
e al quale è dovuta l'obbedienza
dei popoli.

Salmi di David *22* (2; 5-19)

Dio mio, Dio mio,
perché mi hai abbandonato,
lontano dalla mia supplica,
dalle mie grida accorate?
[..]
In te sperarono i nostri padri;
sperarono e tu li liberasti.
Gridarono a te, e furono salvati;
sperarono in te, e non restarono confusi.
Ma io sono un verme, non un uomo,
un obbrobrio per tutti, uno scherno
per il popolo.
Quanti mi vedono mi beffeggiano;
allungano le labbra, scuotono il capo.
"Si è rivolto a Jahvé, lo liberi;
lo salvi, se veramente gli è caro!"
Si, fosti tu ad estrarmi dal seno materno,
ad assicurarmi alla mammella di mia madre.
Fui gettato sulle tue braccia dal ventre;
fin dal seno materno sei stato il mio Dio.
Non allontanarti da me,
perché l'angustia è vicina
e non c'è chi mi aiuti.
Mi circondano numerosi giovenchi:
mi attorniano tori di Bashan.
Spalancano contro di me la loro bocca
di leone che sbrana e ruggisce.
Mi effondo come acqua;
si sono slogate tutte le mie ossa;
il mio cuore è diventato come cera,
si strugge in mezzo ai miei visceri.

E' riarso come un coccio il mio palato;
la mia lingua si è incollata alla mia gola.
Mi coricasti sulla polvere della morte.
Si, mi circondano dei cani;
una turba di malvagi mi attornia.
Hanno forato le mie mani e i miei piedi;
posso contare tutte le mie ossa.
Essi guardano e mi osservano;
si dividono le mie vesti,
sul mio vestito gettano la sorte.

Isaia *11* (1-10)

Il rampollo di David

Ma un rampollo nascerà dal tronco di Isai,
un virgulto spunterà dalle sue radici.
Su di lui riposerà lo spirito di Iahvé,
spirito di sapienza e di intelligenza,
spirito di consiglio e di fortezza,
spirito di conoscenza e di timore di Iahvé.
Si compiacerà del timore di Iahvé.
Non giudicherà secondo le apparenze
né prenderà decisioni per sentito dire;
ma giudicherà con giustizia i miseri
e prenderà decisioni equanimi
per gli oppressi del paese.
Percuoterà il violento
con la verga della sua bocca;
col soffio delle sue labbra ucciderà l'empio.
Fascia dei suoi lombi sarà la giustizia,
cintura dei suoi fianchi la fedeltà.

[...]
la radice di Isai si ergerà a vessillo
per i popoli;
le genti la cercheranno con ansia;
la sua dimora sarà gloriosa.

Michea 5 (2-4)

E tu Betlemme di Efrata,
sei troppo piccola
per essere fra i capoluoghi di Giuda;
da te, tuttavia, mi verrà
chi è destinato a dominare in Israele;
le sue origini sono antiche,
dai giorni più lontani.
[.................................]
Egli si erge e guida con la forza di Iahvé,
con la maestà del nome di Iahvé, suo Dio.
Faranno ritorno, perché allora sarà grande
sino ai confini della terra.
E tale sarà la pace...

Isaia 7 (13-17)

Ascoltate casa di David! Forse è poco per voi
stancare la pazienza degli uomini. Poiché ora volete
stancare anche quella del mio Dio. Pertanto il
Signore stesso vi darà un segno. Ecco: la vergine
concepirà e partorirà un figlio, che chiamerà
Emmanuele. Egli mangerà panna e miele, finché non
impari a rigettare il male e a scegliere il bene. Poiché

prima ancora che il bimbo impari a rigettare il male e
a scegliere il bene, sarà abbandonato il paese per il
quale hai paura di fronte ai due re.

Isaia *53* (1-12)

Chi avrebbe creduto alla nostra rivelazione?
A chi sarebbe stato rivelato il braccio di Iahvè?
E' cresciuto come un virgulto davanti a lui
e come una radice da terra arida.
Non ha apparenza né bellezza
da attirare i nostri sguardi,
non splendore
perché ce ne possiamo compiacere.
Disprezzato e reietto dagli uomini,
uomo dei dolori, familiare col patire,
come uno davanti al quale ci si copre la faccia,
disprezzato, così che non l'abbiamo stimato.
Pertanto egli ha portato i nostri affanni,
egli si è addossato i nostri dolori
e noi lo abbiamo ritenuto come castigato,
percosso da Dio e umiliato.
Egli è stato trafitto per i nostri delitti,
schiacciato per le nostre iniquità.
Il nostro castigo salutare si abbatté su di lui;
per le sue piaghe noi siamo stati guariti.
Noi tutti vagavamo smarriti come un gregge,
ognuno di noi seguiva la propria strada;
Iahvé ha fatto ricadere su di lui
l'iniquità di noi tutti.
Maltrattato, si è umiliato,
non ha aperto la bocca

come agnello condotto al macello,
come pecora muta di fronte ai suoi tosatori,
non ha aperto la bocca.
Attraverso il tormento ed il giudizio
fu strappato via.
Chi si affligge per la sua sorte?
Sì, fu tolto dalla terra dei vivi,
per l'iniquità del mio popolo
fu percosso a morte.
Gli si diede sepoltura con gli empi,
con il ricco fu il suo tumulo,
sebbene non avesse commesso violenza
né si fosse trovato inganno sulla sua bocca.
Ma a Iahvé è piaciuto prostrarlo con dolori;
poiché offrirà se stesso in espiazione,
vedrà una discendenza longeva,
la volontà di Iahvé
si effettuerà per mezzo suo.
Dopo il suo intimo tormento vedrà la luce
e si sazierà della sua conoscenza;
il giusto mio servo giustificherà molti,
egli si addosserà le loro iniquità.
Pertanto io gli darò in premio la moltitudine,
dei potenti egli farà bottino,
perché si è offerto da sé alla morte
e perché fu computato tra gli empi.
Egli portò il peccato di molti;
per gli scellerati intercedette.

Daniele **9** (24-27)

Settanta settimane sono fissate
per il tuo popolo e per la tua città santa,
finché non si rinchiuda l'empietà,
si sigilli il peccato e si espii l'iniquità;
si attui una giustizia eterna,
si sigilli visione e profeta
e si unga una santità delle santità.
Sappi, pertanto, e cerca di capire:
dalla pronunzia della parola,
circa il ritorno e la ricostruzione
di Gerusalemme,
sino ad un unto principe,
sono sette settimane.
E per settantadue settimane
sarà di nuovo edificata
in lungo e in largo,
fra angustia di tempi.
Dopo settantadue settimane,
sarà ucciso un unto senza colpa.
Un popolo di un capo futuro
distruggerà la città e il santuario
[...
...........................]farà cessare
sacrificio e oblazione.
Sull'ala porrà l'abominio
del devastatore,
finché la distruzione decisa
non si riversi sul devastatore.

Isaia **5**, 1-7

La vigna di Iahvé

Canterò per il mio diletto
La canzone del suo amore per la sua vigna.
Il mio diletto possedeva una vigna
in terreno ubertoso.
Egli l'aveva vangata, liberata dai sassi
e piantata con ottimi magliuoli;
vi aveva costruito una torre nel mezzo
e scavato anche un tino.
Egli attendeva che producesse uve,
ma essa diede uva acerba.
Ora, abitanti di Gerusalemme
 e uomini di Giuda,
giudicate voi fra me
e la mia vigna.
Che cosa avrei dovuto fare ancora
alla mia vigna
che io non le abbia già fatto?
Perché, mentre attendevo che producesse uve,
essa ha dato uva acerba?
Pertanto vi manifesterò
quanto farò alla mia vigna:
rimuoverò la sua siepe,
così che resti aperta alla distruzione;
abbatterò il suo muro di cinta,
così che venga calpestata.
La renderò un deserto;
non sarà potata né vangata,
così che crescano rovi e pruni;
alle nubi comanderò di non piovervi sopra.

Ebbene, vigna di Iahvé degli eserciti
è la casa di Israele;
gli abitanti di Giuda
sua piantagione preferita.
Egli attese il diritto,
ed ecco il delitto;
attese la giustizia,
ed ecco la nequizia.

Matteo **21** (33-46)

Parabola dei cattivi vignaiuoli.
Udite un'altra parabola. Eravi un padre di famiglia, il
quale piantò una vigna, e la cinse di siepe, e vi scavò
un frantoio, e vi fabbricò una torre, e la diede a lavorare a contadini, e se ne andò in un lontano paese.
Venuta poi la stagione dei frutti, mandò i suoi servi
dai contadini per ricevere i frutti di essa.
Ma i contadini, messe le mani addosso ai servi, altro
ne bastonarono, altro ne uccisero e altro ne lapidaro-
no. Mandò di nuovo altri servi in maggior numero di
prima, e li trattarono allo stesso modo. Finalmente
mandò ad essi il suo figliuolo, dicendo: 'avranno
rispetto di mio figlio'.
Ma i contadini, veduto il figliuolo, dissero tra di loro:
' questi è l'erede: venite, ammazziamolo e avremo la
sua eredità'. E presolo, lo cacciarono fuori della
vigna, e l'uccisero.
Quando adunque tornerà il padrone della vigna, che
farà di quei contadini?
Essi risposero: 'farà perire i malvagi: e rimetterà la
sua vigna ad altri contadini, i quali gliene renderanno

frutto ai suoi tempi'.

Dice loro Gesù: 'non avete mai letto nelle Scritture: la pietra che fu rigettata da coloro che fabbricano, è diventata capo dell'angolo? Dal Signore è stata fatta tal cosa, ed è mirabile agli occhi nostri.

Per questo vi dico che sarà tolto a voi il regno di Dio, e sarà dato ad un popolo che ne produca i frutti.

E chi cadrà sopra questa pietra, si fracasserà; e quegli su cui essa cadrà, sarà stritolato.'

Ed avendo i principi dei sacerdoti ed i Farisei udite le sue parabole, compresero che parlava di loro. E cercando di mettergli le mani addosso, ebbero paura del popolo, perché lo riteneva per profeta.

Matteo *24* (1-2)

Allora Gesù uscito dal Tempio, se ne andava; e gli si avvicinarono i discepoli per fargli notare la costruzione del Tempio. Ed egli rispondendo disse loro: "Vedete tutte queste cose? In verità vi dico, non resterà qui pietra sopra pietra che non venga distrutta."

Matteo *12* (38-42) Il segno di Giona.

Allora alcuni scribi e Farisei lo interrogarono dicendo: "Maestro, vorremmo che tu ci facessi vedere un segno". Ed egli rispose dicendo: "Una generazione perversa ed adultera desidera un segno, ma nessun segno le sarà dato, se non il segno di Giona profeta: come Giona rimase tre giorni e tre notti nel ventre del pesce, così il Figlio dell'uomo starà tre giorni e

tre notti nel cuore della terra. I cittadini di Ninive
sorgeranno nel giudizio contro questa generazione,
e la condanneranno; perché essi si convertirono alla
predicazione di Giona! La regina del Mezzogiorno
sorgerà nel giudizio contro questa generazione, e la
condannerà; perché ella venne dai confini della terra
per ascoltare la sapienza di Salomone, ed ecco che
qui c'è più di Salomone"

Luca **2 (46-50)** Gesù tra i dottori del tempio.

Dopo tre giorni lo trovarono nel tempio, seduto in
mezzo ai dottori, mentre li ascoltava e li interrogava.
E tutti quelli che l'udivano erano pieni di stupore per
la sua intelligenza e le sue risposte. Al vederlo restarono stupiti e sua madre gli disse: "Figlio, perché ci
hai fatto così? Ecco, tuo padre ed io, angosciati, ti
cercavamo". Ed egli rispose: "Perché mi cercavate?
Non sapevate che io devo occuparmi delle cose del
Padre mio?".
Ma essi non compresero le sue parole.

Luca **7 (20-28)** Elogio di Giovanni Battista.

Venuti da lui quegli uomini dissero: "Giovanni il Battista ci ha mandati da te per domandarti: 'Sei tu colui
che viene, o dobbiamo aspettare un altro?". In quello
stesso momento Gesù guarì molti da malattie, da in-
fermità, da spiriti cattivi e donò la vista a molti ciechi.
Poi diede loro questa risposta: "Andate a riferire a
Giovanni ciò che avete visto e udito: i ciechi riacqui-

stano la vista, gli zoppi camminano, i lebbrosi vengono sanati, i sordi odono, i morti resuscitano, ai poveri è annunziata la buona novella.
E beato è chiunque non sarà scandalizzato di me!".
Partiti gli inviati di Giovanni, Gesù cominciò a dire alla folla [....] "Che cosa siete andati a vedere nel deserto? [....] Un profeta? Si vi dico, e più che un profeta. Egli è colui del quale sta scritto: ecco, io mando davanti a te il mio messaggero, egli preparerà la via davanti a te."

Giovanni **4 (13-26)** Dialogo con la samaritana.

Le disse Gesù: "Dammi da bere [.........] se tu conoscessi il dono di Dio e chi è colui che ti dice 'dammi da bere!' tu stessa gliene avresti chiesto ed egli ti avrebbe dato acqua viva". Gli disse la donna: "Signore, tu non hai un mezzo per attingere e il pozzo è profondo; da dove hai dunque quest'acqua viva? Sei tu forse più grande del nostro padre Giacobbe, che ci diede questo pozzo e ne bevve lui con i suoi figli ed il suo gregge?". Rispose Gesù: "Chiunque beve di quest'acqua avrà di nuovo sete; ma chi beve dell'acqua che io gli darò, non avrà mai più sete, anzi, l'acqua che io gli darò diventerà in lui sorgente di acqua che zampilla per la vita eterna". "Signore, gli disse la donna, dammi di quest'acqua perché non abbia più sete [............] so che deve venire il Messia (cioè il Cristo): quando egli verrà, ci annunzierà ogni cosa". Le disse Gesù: "Sono io che ti parlo".

Giovanni **6** (26-51) Io sono il pane della vita

Rispose Gesù: " [……….] il pane di Dio è colui che discende dal cielo e dà la vita al mondo [……….] io sono il pane della vita; chi viene a me non avrà più fame e chi crede in me non avrà più sete. [……….] Questa infatti è la volontà del Padre mio, che chiunque vede il Figlio e crede in lui abbia la vita eterna; io lo resusciterò nell'ultimo giorno. [………….] Chi mangia la mia carne e beve il mio sangue ha la vita eterna e io lo resusciterò nell'ultimo giorno. Perché la mia carne è vero cibo e il mio sangue vera bevanda."

Giovanni 10 (24-40) Gesù alla festa della Dedicazione

I Giudei gli si fecero intorno e gli dicevano: " […] Se tu sei il Cristo dillo a noi apertamente"
Gesù rispose loro: "Ve l'ho detto e non credete; le opere che io compio nel nome del Padre mio, queste mi danno testimonianza; [……….] a colui che il Padre ha consacrato e mandato nel mondo voi dite: tu bestemmi, perché ho detto sono Figlio di Dio? Se non compio le opere del Padre mio, non credetemi; ma se le compio, anche se non volete credere a me, credete almeno alle opere, perché sappiate e conosciate che il Padre è in me ed io nel Padre."

Giovanni **18** (33-38) Gesù risponde a Pilato.

Pilato gli disse: "Dunque tu sei re?". Rispose Gesù: "Tu lo dici; io sono re e per questo sono venuto nel mondo: per rendere testimonianza alla verità. Chiunque è dalla verità, ascolta la mia voce."

Marco **14** (61-62) Gesù risponde a Caifa.

Ma egli taceva e non rispondeva nulla. Di nuovo il sommo sacerdote lo interrogò dicendogli: "Sei tu il Cristo, il Figlio di Dio benedetto?": Gesù rispose: "Io lo sono! E vedrete il Figlio dell'uomo seduto alla destra della Potenza e venire con le nubi del cielo."

Il signor Secchi è ancora assorto a riflettere su quanto ha appena letto, quando Francesco e Giovanni, sudati e felici rilanciano l'ultima palla.

"Noi abbiamo finito la partita, e lei è ancora qui a leggere? Spero non si stia annoiando; l'elenco di citazioni è risultato più esteso di quanto volessi."

"No Giovanni, ho appena finito di leggere con attenzione questi tuoi appunti, e credo li rileggerò, perché il Messia che tuttora si aspettano gli Ebrei mi sembra molto diverso da quello qui prospettato; lo ritenevano destinato a cambiare il loro stato politico, a liberarli dalla soggiacenza ad altri popoli, e non dalla schiavitù essenzialmente morale che li opprimeva; invece Gesù è stato l'uomo dei dolori reietto e vilipeso, e per questo rifiutato, nonostante le sue opere. Effettivamente le coincidenze di questi brani estratti dalla Bibbia, con il suo comportamento in occasione del processo e della crocifissione, come descritto nei Vangeli, in particolare gli scritti di David ed Isaia, sono impressionanti.

Ma forse non è un discorso da fare al termine di una bella giornata di calura, con temperatura dell'aria ancora a 33 gradi, ed a due ragazzi sudati, ma felici."

"In effetti stasera non possiamo non andare a yoga, perché imposterà la posizione della candela"

"Siete appassionati di yoga? "

"Si signor Secchi, da qualche anno. Ci siamo avvicinati per curiosità e abbiamo scoperto che lo yoga insegna a provare i limiti del nostro corpo, del nostro organismo, e più si cresce in questa disciplina più ci si sente padroni di se stessi. L'alcool, come la droga od il piacere sfrenato dei sensi, distruggono questa capacità, rendendoci alla mercé della volontà altrui. L'autodisciplina invece si può coltivare o riacquistare con lo yoga."

"Lo sospettavo, ma non ne ero convinto; lo ho fatto, ma senza continuità, al club Mediterraneè, nelle mie numerose giovanili vacanze al Club del Tridente, poi ho smesso quando mi sono sposato"

"Male signor Secchi, ma può sempre ricominciare; quando vuole può venire con noi, anche se i principianti o praticanti non abbastanza assidui iniziano un'ora prima. Arrivederci a domani. Andiamo Francesco!"

"Salve ragazzi, a domani."

Ed anche il signor Secchi si avvia verso casa, non senza essersi soffermato ad osservare con una intensa avvolgente occhiata, lo splendido scenario collinare sinuoso quasi accattivante, ancora visibile dalla piazza, stagliato netto sul cielo cangiante e inondato dalla soffusa luce del tramonto.

La sindrome della mela.

Francesco e Giovanni raggiungono rapidamente in bici un agriturismo alle porte della città, non lontano da una fattoria ove Giovanni abita con gli zii.

Arrivano appena in tempo per sdraiarsi per la breve meditazione iniziale, mentre la splendida ragazza, Monika, che li addestra allo yoga, li sollecita con lo sguardo. Dopo una serie di esercizi di routine, l'istruttrice li porta passo passo, all'esercizio della candela, che entrambi riescono a fare bene, anche se Giovanni ha inizialmente qualche problema di equilibrio.

A sorpresa, la ragazza trattiene qualche minuto il gruppo alla fine degli esercizi. "L'esercizio che avete imparato - dice Monika - è uno dei più significativi dello yoga, ma va fatto con sufficiente preparazione generale e giornaliera, altrimenti anziché fonte di energia, può essere dannoso alle vertebre. Poiché qualcuno me lo ha chiesto, anche il digiuno per un giorno intero è un ottimo esercizio per riposare il fisico ed aguzzare la mente, inducendo a sentirsi partecipi dell'energia dell'universo; ma ha un segreto: non bisogna mai arrivare al momento del digiuno, ricordandosene solo allora; il digiuno va pensato il giorno prima, dicendo a se stessi 'domani sarò felice di digiunare spendendo altrimenti il mio tempo'; solo così si arriverà all'ora solitamente riservata al pasto, senza avere fame, digiunando in modo del tutto naturale e sentendosi pieni di energia, anziché col languorino alla bocca dello stomaco."

"Monika, lei digiuna?" - chiede Giovanni, punto sul vivo - "Si, regolarmente, una volta alla settimana, ma questo non è propriamente yoga, fa parte di una mia scelta personale."

Giovanni e Francesco si guardano interrogativamente, ma entrambi non possono fare altro che ammirare ancora una volta, oltre alle perfette fattezze anche la perfetta forma fisica dell'istruttrice, che sprizza energia da tutti i pori.

Sul sagrato, il giorno dopo, il signor Secchi li trova in animata discussione sul tema del digiuno.

"Buongiorno ragazzi, che cosa vi divide oggi che sembrate così accalorati?"

"Ieri la maestra di yoga ci ha suggerito qualche cosa di importante sull'arte di digiunare: secondo lei digiunare è fonte di rinnovo dell'energia fisica e mentale, ma occorre non arrivare mai al digiuno senza averlo mentalmente preparato.

Giovanni sostiene invece che digiunare comporta solo comunque una perdita di energia rispetto alla forma ottimale. Io salto un pasto ogni venerdì a mezzogiorno senza alcuna difficoltà, anche perché sono quasi sempre ancora impegnato al laboratorio di informatica; e arrivo a sera quasi senza accorgermene, senza alcun genere di crampo da fame."

"Non posso darvi il mio parere, semplicemente perché non ho mai provato a digiunare seriamente, ma l'argomento non è così banale. So che mio figlio, che aveva sofferto di qualche calcolo renale, mentre era appena arrivato a Fiuggi per cura, ebbe qualche presagio di un calcolo incombente ed anche per nausea verso il cibo, si limitò a bere per 8 giorni solo i litri d'acqua previsti come cura; poi ritornò gradualmente alla alimentazione usuale. Devo dire che quando andai a trovarlo, senza sapere nulla del suo problema, facemmo un'ottima partita di tennis, e mi vinse, contrariamente al solito.

Dopo mi riferì dell'esperienza del digiuno, ed affermò di non essersi sentito mai tanto in forma come al termine di quella settimana di prova, avendo oltretutto ottenuto la completa scomparsa di ogni sintomatologia da calcolosi. Del resto, per i santi come Benedetto e Francesco, digiunare era un esercizio abituale, favorito certo dalla mancanza di agiatezza dei popoli in mezzo a cui vivevano, ma comunque un esercizio voluto; ai nostri giorni il cardinale Suenens, indica il digiuno come 'la preghiera del corpo', propedeutica a quella dello spirito.

Non mi meraviglio che Francesco consideri il suo esercizio positivo.

Nel mio ultimo viaggio in aereo avevo a fianco una graziosa giovane anglo-indiana, biologa al MIT e siamo venuti sull'argomento cibo e capacità di controllare fame e sete, dopo aver osservato alcuni viaggiatori che trangugiavano il pasto appena servito dalle hostess, come se fossero obbligati ad ingoiarlo in fretta, senza neppure assaporarlo. Lei era vegetariana, e non si vantava di questa scelta, ma mi ha sorpreso la sua affermazione che il modo di comportarsi dell'uomo di fronte al cibo rispecchia il suo modo di comportarsi con gli altri uomini. Da come ciascuno di noi tratta il cibo, si può dedurre in che considerazione tiene i suoi simili.

Sosteneva con disarmante semplicità, che chi trangugia i pasti ad imbuto, considera i suoi simili come dei numeri o delle cose usa e getta; chi osserva l'estetica e la forma con cui il cibo viene servito e ne apprezza il sapore ed i colori, riesce anche a valutare l'impegno altrui nel prepararlo ed è anche solito trattare gli altri uomini come suoi pari, cercando di rispettarli per quello che sono e che fanno.

Confesso che pur avendo spesso ammirato delle presentazioni del cibo da acquolina in bocca, non avevo mai pensato ad alcuna interpretazione del genere.

Ho incontrato, è vero degli innamorati quasi insensibili all'attrazione del cibo, o viceversa persone sofferenti per carenze di affetti famigliari o soggette a continue frustrazioni sul lavoro, che si erano rifugiate nel cibo come soddisfazione compensativa al mancato amore od alla propria mancata realizzazione, raggiungendo a volte per questo errore, dimensioni da Obelix; ma ho dovuto ammettere che la mia interlocutrice indiana non aveva torto: molte persone che io avevo considerato prevaricatori di professione, erano anche dei folli divoratori di cibo.

L'arrivo alla Malpensa ha interrotto la nostra conversazione, ma poi ho dovuto ripensarci spesso, trovando nei miei ricordi, sempre più conferma di questa drastica valutazione dell'amica indiana.

Almeno per chi non fa fatica a soddisfare fame e sete, ho il sospetto che il nostro comportamento verso il cibo e le bevande sia veramente indice del nostro comportamento verso gli uomini. Così il digiuno periodico, come la nostra capacità di controllo di fame e sete è forse più importante per la nostra realizzazione individuale, di quello che pensiamo."

"Bello, mi piace questa affermazione, - sorride Francesco -, e mi induce a continuare con maggior convinzione nella mia sperimentazione settimanale del digiuno. Effettivamente non mi sento mai tanto lucido, quanto durante il giorno di digiuno".

"A questo punto dovrò provare anche io, - soggiunge Giovanni -, anche se so che mi costerà abbastanza non fare la mia colazione mattutina, nonostante la sua indiana dicesse che si può arrivare a saltare un pasto coscientemente in modo del tutto naturale, se ho ben capito, signor Secchi."

"Alt! Non ho alcuna intenzione di influenzare, riferendovi questa chiacchierata fatta in cielo, le vostre scelte personali in questo campo del tutto terreno; vanno sempre tenute in conto le esperienze positive fatte dagli altri, ma per vagliarle con la nostra esperienza; anche nel lavoro creativo, come nella ricerca, bisogna sempre partire almeno da dove sono arrivati gli altri, ma questo non esime, se necessario dal rifare in maniera critica l'esperienza altrui adattandola alle nostre circostanze. Nessuno ti impedisce di sperimentare il digiuno settimanale, ma deve essere una tua libera e lieta scelta."

"Verissimo signor Secchi, risponde pronto Giovanni, ma non vi è motivo, mi pare, di mettere in dubbio la buona fede e buona volontà della sua occasionale amica indiana; proveremo a seguire i suoi suggerimenti come tali, cioè come elementi di valida sperimentazione."

"Bene, ragazzi, visto i venti di guerra che tirano in questo periodo, ci sono ancora manifestazioni pro e contro la guerra preventiva? Non vorrei ritrovarmici in mezzo tornando a casa stasera."

"Non credo abbiano tutti, di nuovo, ancora tanto tempo da perdere in sterili manifestazioni, - interviene Francesco -, tuttavia la guerra preventiva è una pazzia, come lo sono tutte le guerre, ma ha l'aggravante di essere fatta per tentare di correggere situazioni esplosive divenute insostenibili per i nostri precedenti errori.

Da sempre la radice di ogni guerra è essenzialmente economica, raramente nasce dalla rivolta contro le prevaricazioni di un uomo, come è stato per alcuni dittatori, o dalla ribellione di un popolo soggiogato da un altro; la guerra nasce dal miraggio di una pagnotta più bella, più saporita, più facile da raggiungere della tua pagnotta quotidiana, io lo chiamo la 'sindrome della mela dell'eden'; ma guerra significa mettere in giuoco la vita nostra e quella dell'avversario, rispondere a offesa con offesa, a male con male. Quando la mancanza di rispetto verso di noi di un altro uomo, può indurre a non rispettarne la vita? Quando l'ostacolo alla convivenza è così insormontabile che non si può che ricorrere alla forza?"

"Caro Francesco, se tu ti trovassi a faccia a faccia con un energumeno armato di mitra che sta sventagliando raffiche senza pietà e senza discernimento su una folla di ostaggi, come potrebbe essere stata quella folla di spettatori sequestrati nel teatro di Mosca, e fossi in grado di ucciderlo prima che lui lo faccia con te, non lo uccideresti senza alcun rimorso?"

"Credo di si, - risponde Giovanni al posto di Francesco, che è rimasto un attimo interdetto - e questo mi fa ripensare alla necessità di punire alcuni reati con la pena di morte. Non è un pensiero cristiano, ed è una mia contraddizione non ancora risolta, ma alcuni reati non meritano un ulteriore rispetto per la vita della persona che li commette: chi rapisce a scopo di estorsione, chi spaccia droga, chi commette uno stupro dimostra di avere così scarso rispetto per la vita altrui, che equivale a ferire le proprie vittime mortalmente, distruggendo senza pietà la loro capacità di amare chi li circonda, o la loro capacità di connettere, di usare ancora il loro cervello, o la loro capacità di avere dei sentimenti, di continuare ad amare la vita.

Ha ragione Francesco nel dire che il dilagare di molti reati contro la nostra umana convivenza, deriva anche da un nostro insufficiente impegno nell'opporsi al male, nella nostra vita di tutti i giorni.

Diceva Leonardo, inventore creativo solito a realizzare i suoi progetti, 'chi non si oppone al male, comanda che si faccia', anzi, più drasticamente, 'chi non punisce il male, comanda che si faccia'. Un assioma terribilmente concreto.

Ne segue che se pur riusciamo a non fare male ad alcuno, rispettando l'uomo in ogni sua manifestazione, ma non ci impegniamo nella vita di tutti i giorni ad opporci al male, siamo tutti corresponsabili del male che non riusciamo ad evitare che si compia intorno a noi.

Le manifestazioni pacifiste dei giorni scorsi acquistano un significato diverso dalla pura azione demagogica, solo se fatte da persone che la pace l'hanno nel cuore, nel loro DNA, e possono provare a donarla a chi non ce l'ha, sapendo che cosa costa essere pacifici, come sapeva Madre Teresa di Calcutta o Martin Luther King o l'apostolo della non violenza, il Mahatma Gandhi. Non è sbandierando pace, pace, che si ottiene la pace, ma dalle nostre scelte personali di tutti i giorni, e non è un impegno di poco conto.

Ogni nostra azione che in qualche modo non rispetta la vita di chi ci sta intorno, o addirittura la calpesta, è una azione distruttiva della pace, perché porta alla guerra, allo scontro con chi è stato in qualsiasi modo offeso. Potrà essere guerra armata o solo guerra apparentemente incruenta, ma sarà in ogni caso fonte di distruzione, perché mina la capacità di intesa, di collaborazione; e l'esplosione attiva, come per un vulcano, di tale situazione compromessa alle radici, è solo questione di tempo."

"Giovanni, il mio credo, fino a ieri era ben chiaro: 'va dove ti porta il potere', per cui mi state facendo sentire molto colpevole, senza alcun possibile rimedio; ma ho sentito da voi, con sorpresa, quasi le stesse argomentazioni che ho letto ieri in un quaderno di pensieri personali di mio figlio, ritrovato casualmente. Te lo farò vedere, se vorrai."

"Volentieri signor Secchi, ma a questo punto non penserà di potersi sottrarre all'impegno educativo che le ho proposto; sarebbe un tradire la sua creatività."

"OK Giovanni, ma potremo parlarne seriamente dopo l'autunno, perché nel frattempo ho preso l'impegno anche con me stesso, di riportare a casa mia moglie, che è a curarsi in una clinica svizzera, una depressione che si trascina da qualche anno, dall'infortunio di mio figlio. Ma possiamo sempre sentirci via e-mail. A lunedì ragazzi, buona serata e buon fine settimana."

"Arrivederci signor Secchi, e non sia troppo pensieroso, guardi la stupenda serata, e venga a trovarci al centro Yoga, ai piedi della collina."

Riflessioni di Guido.

Più tardi, mentre Francesco e Giovanni stanno tornando a casa dalla lezione di yoga, felici di aver ritrovato la calma dopo una giornata impegnativa e di aver rinnovato quasi senza accorgersene, la loro capacità di meditazione, il signor Secchi si trova a rileggere, seduto sul balcone, dinanzi ad uno spettacolare tramonto, il diario di suo figlio, ritrovato il giorno prima al fondo di una cassapanca.

"L'inizio sembra banale, ma non lo è: a pensarci bene, - riflette Secchi -, è il programma di tutta una vita. Inizia con la più spiacevole citazione latina: 'irreparabile fugit tempus', che mio figlio ha tradotto 'il tempo scorre senza pietà', come se già se lo sentisse scorrere troppo veloce, seguita da una citazione ironica ma terribile per la sua età: 'la vita è una marcia funebre di cui il cuore porta la battuta'. Ed entra subito nel vivo dei problemi esistenziali."

"Ma è un malloppo, quasi un trattato!" esclama tra sé ad alta voce il signor Secchi, sfogliandolo, e riprende dall'inizio cercando di interpretarlo:

Appunti di Guido Secchi.

Raccolta di piccoli pensieri. Rileggerli ti potrà servire a prendere coscienza, nei momenti di orgoglio, di quante buone intenzioni sei rimasto indietro, e fare esercizio di umiltà.   G.S.

sul proprio comportamento verso se stessi e gli altri

Nulla di veramente valido nasce dall'ambizione o da un semplice senso del dovere, ma piuttosto dall'amore e dalla dedizione agli uomini ed ai fatti.

Albert Einstein

Ogni nostra azione deve essere tale da far rifluire in noi ed attorno a noi la vita. Se manca questa volontà è meglio non agire, potremmo arrivare a tradire troppo noi stessi.   GS

Grandezza dei Popoli.
Le grandi nazioni non servono a niente. Sono gli uomini che devono diventare grandi, chi più chi meno, convincendosi sera per sera, piano piano, che non è la cilindrata dell'automobile a segnare il livello della nostra personale grandezza, bensì la cilindrata della nostra capacità di sacrificio, di amore per il prossimo, di dedizione ai nostri doveri piccoli e grandi, che sono i gradini di una scala che sale alla grandezza. E fare le scale è un bel fastidio, lo so. Fior di santi provarono più di una volta la voglia matta di prendere l'ascensore. Divennero santi perché poi, borbottando, scelsero sempre le scale, scale che non finivano più.

Ricciardetto (Epoca)

Procuratevi valenze disponibili! Le valenze dell'atomo sono le proprietà che gli permettono di associarsi ad altri atomi, quelle dell'uomo sono le attitudini ad associarsi ad altri esseri umani. E' importante sviluppare queste valenze, avendo cura che esse non siano utilizzate solamente per la produttività d'impresa; occorre conservarne delle disponibili perché gli uomini si associno nel seno della società.

Louis Armand

Scopri di più su una persona in un'ora di giuoco che in un anno di conversazione.

Platone

E' altrettanto importante ascoltare la gente con gli occhi che con gli orecchi. C'è un modo di ascoltare che supera ogni complimento.

Anonimo

Indugiare vuol dire cominciare a dimenticare, differire è quasi sempre abolire.

Anonimo

Tutto ciò che noi non diamo o doniamo oggi, rischia di non essere dato mai più. Non dire mai "non lo posso fare ora, lo farò bene più tardi", ma scegli subito rapidamente le priorità di esecuzione in tempo reale. Solo così non perderai il tuo tempo e non avrai rimpianti.

GS

Non abbiate paura di dire ciò che avete nel cuore e di far scoccare una scintilla, giacché questa talvolta può diventare una fiamma al cui calore, qualcuno che amate o che conoscete appena potrà riscaldarsi le mani per molti anni.

Anonimo

L'arte è contemplazione: è il piacere di uno spirito che penetra la natura e scopre che anche essa ha un'anima; è la più sublime missione dell'uomo, poiché è l'esercizio del pensiero che cerca di comprendere l'universo e di farlo comprendere.

Rodin

La conoscenza scientifica è un modo di comprendere una sempre più coerente immagine dell'uomo e della natura.

J.Bronowski

il nostro comportamento diviene comunque educativo per chi ci guarda...

Molte delle incongruenze e degli errori che gli uomini commettono, potrebbero essere evitati se le madri coccolassero di meno i loro figli; spesso la coccola al figlio incauto o colpevole induce a sottovalutare o a mettere nel dimenticatoio l'errore commesso, impedendo che il suo ricordo spiacevole acquisisca il giusto posto nella antologia della propria coscienza e possa divenire una utile esperienza per il comportamento futuro. Guai poi se vengono nascosti o minimizzati gli errori dei figli; ci si ritroverà con degli incapaci ad affrontare da soli le piccole o grandi contrarietà della vita. Ma sarebbe ancor peggio se gli errori venissero sopravalutati o indicati a disdoro di chi li ha commessi: creeremmo dei violenti. L'ago dell'equilibrio è una parola difficile: perdono o recupero di un comportamento corretto, pagandone però , se necessario, le conseguenze.

GS

L'incoraggiamento dopo una critica è come il sole
dopo la pioggia.

Goethe

Vi è pure un rimedio per ogni colpa: riconoscerla.
Grillparzer

    il vigliacco di oggi
è il bambino che schernivano ieri
l'aguzzino di oggi
è il bambino che frustavano ieri
l'impostore di oggi
è il bambino che non credevano ieri
il contestatore di oggi
è il bambino che opprimevano ieri
l'innamorato di oggi
è il bambino che carezzavano ieri
il non complessato di oggi
è il bambino che incoraggiavano ieri
il giusto di oggi
è il bambino che non calunniavano ieri
l'espansivo di oggi
è il bambino che non trascuravano ieri
il saggio di oggi
è il bambino che non ammaestravano ieri
l'indulgente di oggi
è il bimbo che perdonavano ieri
l'uomo che respira amore e bellezza
è il bimbo che viveva nella gioia anche ieri

da un manifesto dell'Erba Voglio, Roma

credo che solo una famiglia armoniosa possa crescere un figlio realizzando queste semplici, difficilissime esigenze educative, così incisivamente evidenziate nel manifesto dell'Erba Voglio.

GS

L'uomo e la donna possono fare liberamente l'amore solo quando sono pronti a prendersi la responsabilità della vita che ne può nascere. Ciò che si realizza in caso contrario è solo un surrogato, una larva, una illusione di amore, soggetto a dissolversi nel nulla, per quanto possa essere bello, ben fatto e sentito.

GS

sul nostro comportamento politico, ossia sul nostro contributo a gestire la società in cui viviamo

Chi sa quello che dice può permettersi di usare parole che tutti capiscono.   Anonimo

Quando gli uomini non possono cambiare le cose, cambiano le parole.

Anonimo

Uno stolto che non dice verbo non si distingue da un saggio che tace.

Moliére

Chi dice cose grandi e vere con voce malsicura, corre il rischio di non avere ascoltatori.

A. Verri

Fingere di ignorare ciò che si sa benissimo, e di sapere ciò che si ignora; fingere di capire ciò che non si capisce, e di non capire ciò che si capisce assai bene; fingere di essere potenti al di là delle proprie forze; avere spesso da nascondere questo gran segreto: che non c'è nessun segreto da nascondere; sembrare profondi quando si è vuoti; darsi bene o male, le arie di un personaggio importante; diffondere delle spie e stipendiare dei traditori; cercare di nobilitare la povertà dei mezzi con l'importanza dei fini: ecco che cosa è la politica.

Beaumarchais (1790)

La politica è espressione dell'irrazionale: gioca solo sull'emotività dell'individuo, ed una persona emotiva non ascolta, segue bovinamente l'esempio di chi la arringa esibendo l'atteggiamento più deciso e più appariscente, più incisivo proprio sulla incoscienza di massa.

GS

Se si vuol far fronte all'irrazionale non si può che opporvisi con l'irrazionale.   Luigi Paris

Lo scopo delle dispute e delle discussioni non deve essere la vittoria, ma il perfezionamento di noi stessi.

J. Joubert

...e sulla responsabilità personale e collettiva...

Nessuno ha capacità tanto grande da poter governare un altro uomo senza il consenso di quest'ultimo.

Abramo Lincoln

Male è qualsiasi azione che non rispetti la Vita: lo svolgersi della vita degli altri, di se stessi e dello Spirito di Dio; l'esprimersi della vita di tutti viene sconvolto e danneggiato dall'azione negativa di ciascuno di noi che non la rispetti in qualsiasi forma.

GS

Mi pare che la civiltà sia più occupata a raffinare i vizi che non a perfezionare le virtù.

E. Thiandiere

Se la cosa amata è vile, anche l'amante si corrompe. Quando l'amante raggiunge la cosa amata, in essa si riposa.

Leonardo

La storia umana diventa sempre più una gara tra l'educazione e la catastrofe.

H.G. Welles

Non fare nulla è un lavoro difficile: non ci si può fermare per riposarsi!

Anonimo burlone

Senza lavoro ogni vita si corrompe, ma sotto un lavoro senz'anima la vita soffoca e muore.

A. Camus

L'equilibrio della Società si basa sulla effettiva realizzazione di se stesso da parte di ciascuno di noi. Se saremo riusciti, nel farlo per noi, ad aiutare gli altri a realizzarsi, avremo creato molto di quell'equilibrio.

GS

Una delle principali virtù sociali è di tollerare negli altri quel che dobbiamo proibire a noi stessi.

Duclos

Qualsiasi cosa di te o di tuo, del tuo essere o del tuo avere, tu dia ad un altro uomo, può sempre essere usata contro di te; ma se hai paura di questo, di donare qualche cosa di te stesso, comunque possa venire usato, non ami abbastanza la vita.

GS

Ogni nostra azione che non rispetta in qualche modo la vita di chi ci sta intorno, o addirittura la calpesta, è una azione distruttiva della pace perché porta fatalmente alla guerra con chi è stato in qualche modo offeso. Potrà essere guerra armata o solo guerra apparentemente incruenta, ma sarà in ogni caso fonte di distruzione perché mina la capacità di intesa e di collaborazione; e l'esplosione attiva di tale situazione compromessa alle radici, come per un vulcano dormiente, è solo questione di tempo.   GS

Si può essere abili più di ogni altro, ma è pericoloso farlo comprendere.

Anonimo

La verità, anche se ferisce, si può sempre dire, purché si dica con umiltà.

Anonimo

Credo che la prima prova d'un uomo veramente grande sia la sua umiltà.

Ruskin

Chi non si oppone al male, comanda che si faccia.
Leonardo (1500 dC)

Ciascuno di noi, se non opera affinché chi fa il male ne desista, è corresponsabile del male fatto, e Dio chiederà a lui conto del traviamento dell'empio.
Ezechiele 33 - 7.9 (600 aC)

Chi non comprende le ombre, non può comprendere la luce.
Anonimo

Il signor Secchi si addormenta su questa ultima citazione scritta dal figlio, pensando di aver anche lui apprezzato troppo poco ombre e luci, trattando spesso gli altri con sufficienza, anche se raramente con arroganza.

Sta avanzando ormai l'autunno, e l'indomani si apre con una fantastica giornata piena di luce e pennellata dalla Natura con le sfumature dei più svariati colori. Ha una giornata piena di lavoro al computer, per la messa a punto di un progetto di coltivazione di una vasta zona forestale praticamente abbandonata da anni, senza un intervento programmato dell'uomo. Ma il suo pensiero corre al figlio Guido ed al suo diario, che denuncia una inquietudine di misurarsi con la vita, ma anche già una scelta di campo tra coloro che vogliono servirsene per amarla sempre, senza lasciarsi mai prendere da impulsi distruttivi per la vita altrui.

"Non avevo capito che Guido era lontano mille miglia dal mio credo 'va dove ti porta il potere'," rimugina il signor Secchi tra sé, finché nel pomeriggio esce per una boccata d'aria verso il sagrato, dove Giovanni e Francesco sono puntualmente a giocare a pallone con i loro compagni.

Chi non si oppone al male comanda che si faccia.

"Salve ragazzi,", - esclama Secchi quando Francesco quasi lo investe per inseguire un pallone fuori campo, - "splendida giornata!"
La partita sta finendo e Giovanni si avvicina salutando alla mano.

"Mi sembra sia piuttosto pensieroso oggi, nonostante la giornata inviti all'allegria ed alla contemplazione della natura."

"Si è vero Giovanni, ieri sera mi sono addormentato sugli appunti di mio figlio, e mi sono reso conto di non averlo capito affatto."

"Questo non lo credo, forse non avrà avuto modo di conoscerlo fino in fondo, come avrebbe voluto, ma certamente è stato per lui un padre, anche se a volte non lo ha voluto o potuto ascoltare."

"Infatti non lo ho ascoltato ed il mio comportamento troppo paternalistico lo ha forse spinto a rifiutare di seguire le mie indicazioni, comprese quelle relative alla sicurezza sul lavoro."

"Caro signor Secchi, ritengo che sono spesso i migliori che se ne vanno per primi, i più impegnati, e lo slancio di suo figlio di fronte al pericolo incombente su una squadra di suoi collaboratori, lei non lo avrebbe fermato mai. Quindi non si arrovelli per colpe che non ha. Piuttosto provi ad onorare la memoria di suo figlio, facendo quello che a Lui piacerebbe lei facesse ora, come se Lui fosse ancora presente. Non è un impegno da poco, ma ci provi."

"Temo tu abbia ragione, Giovanni, ma non posso fare a meno di pensare a quanto ha lasciato scritto nel suo diario, in particolare su come reagiamo di fronte al male verso i nostri simili, che ogni giorno vediamo commettere, o addirittura contribuiamo anche involontariamente a commettere.

Ha messo in bella evidenza, in rosso, quel pensiero di Leonardo che già più volte mi avete ripetuto: 'Chi non si oppone al male, comanda che si faccia'.

Ti ho portato il primo dei suoi due quaderni di appunti, come ti avevo promesso; ma non vorrei che vi annoiaste a scorrere i suoi pensieri, o quello che ha ritenuto di appuntarsi dei pensieri altrui."

"Perché mai Signor Secchi? E' sempre istruttivo vedere come altri hanno cercato di rispondere all'interrogativo di che cosa è la vita, e di come qualcun altro ha provato ad affrontare l'eterna ricerca del corretto comportamento di ogni uomo verso gli altri, per costruire la società in cui viviamo nel rispetto della vita in tutte le sue manifestazioni, come nel rispetto della pace e della collaborazione reciproca.

Non mi sembra un lungo papiro. Le restituirò presto il suo quaderno.

Intanto si goda queste fantastiche giornate autunnali, contemplando la Natura, senza pensare agli uomini frettolosi che la circondano, me compreso, sempre più incapaci di fermarsi a valutare la loro funzione nell'ingranaggio della vita."

"Ma tu la vivi con la spontaneità della giovinezza ed al tempo stesso con grande ponderazione"

"Ma no signor Secchi, è solo apparenza. Ho dovuto rinunciare presto alla guida di mio padre, morto quando avevo 17 anni, e quindi ho provato prima di altri a cercare di sbrogliarmela da solo, ma sono ancora un vulnerabile emotivo, spesso soltanto schiavo della mia propria curiosità. Stamattina, ad esempio, mi son lasciato trascinare per i capelli, ed ho letteralmente investito un amico ebreo che sosteneva qualche cosa di assolutamente antistorico. Anche recentemente, qualche rabbino ha sentito la necessità, esprimendolo pubblicamente, di chiamarsi fuori dalla responsabilità della morte di Gesù: 'Sono stati i Romani ad uccidere Gesù, non il popolo Ebreo' sosteneva il mio amico.

Trovo semplicemente ridicolo che si cerchi di nascondere, a duemila anni di distanza, l'evidenza, come ci appare dai Vangeli, della responsabilità collettiva degli ebrei di Gerusalemme, che, trascinati dai loro capi, hanno condannato a morte e fatto crocifiggere Gesù. Piuttosto non ha alcun significato cercare di togliersi questa responsabilità, poiché siamo tutti noi corresponsabili di quella crocifissione, tutti noi che se fossimo stati presenti ci saremmo comportati allo stesso modo, come abbiamo occasione di confermare ogni giorno, tutte le volte che facciamo agli altri quello che non vorremmo fosse fatto a noi, cioè tutte le volte che non siamo operatori di pace"

"Attento Giovanni: questo tuo pensiero di corresponsabilità perfettamente condivisibile, è strettamente legato ad un concetto unicamente cristiano di redenzione, di un Dio che si sacrifica, muore e resuscita, ed è al di fuori di ogni considerazione per una mentalità ebraica, cui manca la scintilla magica della resurrezione di Gesù."

"Ma l'esortazione di non fare agli altri quello che non vorresti fosse fatto a te, non è solo cristiana e diventa addirittura attiva, fai agli altri quello che vorresti fosse fatto per te, a tutte le latitudini e presso tutti i popoli, quando si verifica una calamità naturale od una malattia infettiva che impongono aiuto reciproco per la sopravvivenza. Non credo sia un comportamento solo cristiano, ma fa parte della filosofia naturale del branco, pensare che se un membro del branco sta male, anche il branco non sta bene, e cerca di provvedere quindi ad un rimedio. Sembra che questo comportamento si verifichi addirittura tra gli animali, e perché non nell'uomo?"

"Caro Giovanni, i pigri sono dappertutto, anche tra gli animali, che però spesso puniscono i pigri isolandoli. Tra di noi è un po' più complesso. Ma riprenderemo il discorso domani, ora devo ritornare in ufficio. Arrivederci ragazzi."

"Buona serata!" rispondono all'unisono Giovanni e Francesco.

L'ufficio, distante poche centinaia di metri, è all'ultimo piano di un palazzo da cui si gode una splendida vista sulle colline che circondano la città. Si vedono in lontananza i trattori che trasportano l'ultima uva pronta per la vinificazione, sotto la luce dorata di un sole ancora vivace, anche se ottobrino.

Il signor Secchi risponde rapidamente ad alcuni fax che trova sulla scrivania e manda un messaggio di posta elettronica al suo principale collaboratore, impegnato in una consulenza a Londra. Lascia un appunto per la segretaria, e si avvia a piedi, quasi allegro, verso il suo appartamento in periferia; lo sta rendendo il più accogliente possibile in vista dello sperato rientro di sua moglie dalla clinica ove è ancora ricoverata.

Altri impegnativi appunti di Guido.

Ma, rientrato in casa, il suo sguardo cade fatalmente sugli appunti di Guido, e neppure a farlo apposta, il secondo quaderno del diario di suo figlio inizia proprio con l'argomento appena tralasciato nello scambio di idee avuto con i ragazzi in piazza. E si perde nuovamente nella lettura degli appunti:

Fin quando non sentiremo fino in fondo all'anima che la fame di un altro uomo sparso ovunque nel mondo, è fame nostra, che la malattia di un altro è una nostra malattia, che la sofferenza ed il dolore che affliggono gli altri, sono sofferenza e dolore anche per noi, come la gioia che brilla negli occhi degli altri è anche la nostra gioia, non riusciremo mai a trovare la strada per vivere insieme in un mondo ove regni l'amore per la vita, e quindi la gioia, la giustizia e la pace, ed inseguiremo la libertà trovando al suo posto la guerra.

Se pensassimo sempre che ogni nostra azione lascia una traccia indelebile nella vita di tutti gli altri uomini oltre che nella nostra, forse ameremmo di più la vita stessa e la renderemmo più bella, più vera, diventandone più degni.

Ma senza scomodare le ali della spiritualità, restando terra terra, è concreto ogni giorno di più il coinvolgimento della nostra vita con quella di tutti gli altri, vicini o lontani: riconosciamo infine che l'inquinamento dell'aria, del mare, della terra, del cibo e dell'acqua, la distruzione delle foreste e dei relativi abitanti e quella dei nostri cervelli preda delle droghe coltivate in ogni parte del mondo, mina la nostra sopravvivenza, sempre più dipendente da come ciascuno di noi spende le proprie energie materiali e spirituali, troppo spesso disperse con leggerezza; ma se non ci accorgeremo tutti che anche se non vogliamo, ciascuno di noi condivide la fame e la sofferenza di tutti gli altri uomini, anche se ha la pancia piena e crede di essere felice, non avremo mai né la pace né la gioia.

Mi sembra proprio di poterlo ancora esprimere come filosofia, come legge naturale della vita di branco: ogni volta che non rispettiamo l'armonia della vita che ci circonda, sopraffacendo, circuendo, invidiando o anche solo evitando di aiutare un nostro simile, la sofferenza che provochiamo si ritorce immancabilmente contro di noi.

Non sarà solo il nostro spirito che non potrà gioire della vita per averla combattuta o distrutta, ma l'animo di chi soffre non potrà che accumulare rancore contro chi in qualsiasi modo, colpevole od innocente, gli appaia essere prevaricatore. E questo scatenerà la forza distruttrice del sofferente che si sente perseguitato, non appena la sorte gliene concederà l'occasione. La vita non può che essere vissuta nel più profondo rispetto della vita altrui. Ogni altro comportamento è un tradimento fatto a se stessi perché distruttivo della vita di branco, portandovi il caos dell'anarchia dove ciascuno agisce per sé; solo il cercare di vivere in armonia con tutto ciò che di vivo ci circonda vince il disordine o la guerra di predominio che altrimenti ne consegue.

20/8/89 GS

"Ma era ancora troppo giovane per lasciarsi dominare da questi pensieri!" esclama il signor Secchi. E prosegue attratto dai successivi appunti:

...qualche pensiero di vita politica sempre valido anche per un branco attuale..

Non si può arrivare alla prosperità scoraggiando l'intraprendenza.
Non si può rafforzare il debole rendendo più debole il forte.
Non si può aiutare il piccolo abbattendo chi è grande.
Non si può aiutare il povero distruggendo il ricco.
Non si possono aumentare le paghe rovinando i datori di lavoro.
Non si può vivere serenamente spendendo più di quanto si guadagna.
Non si può promuovere la fratellanza tra gli uomini, predicando l'odio di classe.
Non si può instaurare una vera sicurezza sociale adoperando per questo scopo denaro preso in prestito.
Non si può formare il coraggio ed il carattere di un uomo togliendogli l'iniziativa e l'indipendenza.
Non si può aiutare perennemente la gente facendo per essa ciò che essa potrebbe e dovrebbe fare da sola.

Abramo Lincoln

Il dono maggiore che possiamo fare al prossimo non è di dargli la nostra ricchezza, ma di mostrargli la sua.

Louis Lavelle

Dio vi ha dato il pensiero: nessuno ha diritto di vincolarlo o di sopprimerne l'espressione, che è la comunione dell'anima vostra coll'anima dei vostri fratelli, e l'unica via di progresso che abbiamo.

Giuseppe Mazzini

E' praticamente impossibile riuscire a fare bene ciò in cui non crediamo. Si riesce a fare bene solo ciò che è in armonia con la nostra coscienza, col nostro essere, nella cui motivazione crediamo. Ciò in cui non crediamo non riusciremo mai a farlo seriamente, anche se avremo, almeno apparentemente, tutta la volontà di farlo, perché in realtà, se non vi si crede, non lo si vuole.

GS

Il savio si guardi bene da tre cose: nel tempo della giovinezza, quando il sangue è in movimento, si guardi dalla lussuria; nel primo vigore dell'età, quando il sangue è nella pienezza delle forze, si guardi dall'attaccar briga; nella vecchiezza, quando il sangue è indebolito, si guardi dalla cupidigia dell'acquistare.

Confucio

L'uomo ha bisogno di esprimere la sua creatività, di sentire utilizzato il suo cervello, così come ha bisogno di respirare. Se non riesce ad esprimere la sua creatività nella sua principale attività, che è il lavoro, se è impedito dall'utilizzare ivi il suo cervello, troverà cento altre strade per esprimere questo suo bisogno, e sono molto più facili le strade creative del male che non quelle del bene. Strano che nessun uomo politico italiano, e solo qualche raro imprenditore, tenga conto di questa elementare verità sperimentale, e pensi magari che solo lui è destinato ad essere creativo.

Manca creatività positiva nella burocrazia, nella gestione della giustizia, nella realizzazione delle opere pubbliche, nel favorire la ricerca, nel gestire i servizi pubblici come le ferrovie e la rete autostradale, perfino nella gestione della scuola, e basterebbero pochi buoni leader per accendere l'entusiasmo di sentirsi coinvolti in queste attività, assolutamente vitali per il branco Italia.

Se le nostre capacità creative vengono indirizzate ad un fine chiaro, nessuno mancherà di farlo proprio. Ma se questo fine chiaro è ridotto ad essere la sola propria sopravvivenza, calpestando, fregando o al limite uccidendo gli altri che ci ostacolano, il caos che ne consegue presto o tardi divorerà l'intera società che se ne lascia sedurre, poiché quivi alla fine non ci sarà spazio per nessuna creatività, ed allora quella società esploderà come una bomba in centomila pezzi, che qualcun altro finirà per raccogliere facilmente.

Forse non si riflette mai abbastanza che è responsabilità dei leader e dei manager indirizzare la creatività di ognuno a lavorare insieme, anziché uno contro l'altro; come è responsabilità del singolo dare il massimo del proprio spirito creativo per costruire insieme agli altri, una società pacifica e produttiva. In difetto, la pena collettiva conseguente è l'auto-distruzione.

GS

La 'guerra' si fa con le armi che si hanno e con gli uomini che si hanno; ed anche gli uomini meno capaci danno tutto di se stessi nel combattere se sanno lo scopo per cui si combatte.

Ma se per qualsiasi motivo, capi imprevidenti o insinceri, avvolgono tra i fumi lo scopo del combattimento, anche gli uomini più capaci finiscono per cercare invano uno scopo al loro sacrificio, ed in breve quello che poteva essere un esercito pronto ad azioni di fantastica efficacia, diviene una banda di lanzichenecchi.

Quando poi lo scopo della guerra è inconfessabile, perché nasconde solo l'egoismo di pochi, allora la guerra finisce per mangiarsi oltre ad una infinità di soldati, anche i capi che la hanno voluta e diretta. La battaglia del lavoro è soggetta alle stesse leggi, e la disgregazione italiana ne è un chiaro esempio.

GS

Ogni essere umano vive solo in proporzione a ciò che crea.

Gilles Gerome

La libertà comporta responsabilità: ecco perché tanti ne hanno paura!

G. Bernard Shaw

Una piccola grande verità dal libro 'Il Profeta' di K. Gibran:
...il cibo che non è preparato con amore e non è assaporato con amore, non può sfamare l'uomo ma solo riempirlo di veleni...

L'uomo non è ciò che mangia, come sostiene Carlo Marx, ma è certamente l'atteggiamento con cui egli mangia.
GS

Ci sono tre modi per rovinarsi: il giuoco d'azzardo, le donne e la tecnologia. Il giuoco d'azzardo è la più veloce, le donne sono la più piacevole, la tecnologia è la più certa.

Georges Pompidou

In politica non è tanto importante quello che si dice o la verità di quello che si dice, quanto la credibilità con cui si dice e si riesce a farlo apparire credibile a chi ci ascolta.

Guai a chi si mostra indeciso, oppure rispettoso delle teorie o dei detti altrui; non farà mai rispettare i propri detti anche se sono verissimi. Ciò che conta alla fine, è la credibilità con cui si riesce a trasmettere le proprie idee: anche presso gli ascoltatori più preparati, vince cioè l'arroganza con cui si parla, appena appena camuffata da sicurezza.

GS

Qualsiasi istituzione esiste per uno scopo ed un obiettivo specifico, per una funzione sociale particolare. L'istituzione deve soddisfare un bisogno reale o della società, o della comunità o dell'individuo. Il management può far funzionare e rendere produttiva l'istituzione da lui gestita, se:
- chiarisce gli obiettivi e gli scopi specifici della istituzione:
  azienda industriale, ospedale od università che sia;
- rende il lavoro produttivo e fornisce al lavoratore il gusto del suo lavoro;
- gestisce gli impatti e le responsabilità sociali.
Lo scopo specifico dell'azienda industriale è il

rendimento economico.
Il fornire gli obiettivi è l'arte della motivazione.

Peter F. Dencker

L'arte è comunque una espressione della nostra vita interiore e quindi, anche se non lo pensiamo, è uno specchio del nostro amore alla vita come delle nostre contraddizioni.

Anche l'armonia del corpo è una espressione della capacità di vita interiore, ma l'armonia dei movimenti ne è l'espressione viva.

GS

La religiosità è lo sforzo poetico di raggiungere l'assoluto.

Giorgio Saviani

Postulato di Guido
Ogni uomo necessita di uno spazio vitale minimo che gli consenta di esprimere se stesso come individuo; se non ne dispone diviene nervoso, triste, irascibile fino alla violenza ed incapace di utilizzare e trasmettere la sua carica vitale e soggetto a trasformarla in creatività negativa anziché positiva: e l'oggetto della distruttività è tanto se stesso come gli altri e tutto ciò che lo circonda che sia o appaia come elemento di soffocazione.

G.S.

...ancora qualche pensiero su come valutiamo noi stessi...

Non si sa nulla se non quello che si sa esprimere agli altri. Non si impara nulla se non lo si rielabora con l'impegno attivo della propria creatività.

GS

Il meccanismo che impedisce alla gente di comunicare realmente è la reticenza a dire subito che cosa uno pensa dell'altro, quale atteggiamento e quali sentimenti, se ci sono, si ha verso l'altro.

GS

La puntualità è un impegno di presenza attiva.
La tua mancata presenza può mettere in seria difficoltà gli altri che contavano sulla tua parola.

Anonimo.

Temo che anziché una serie di provocazioni a me stesso questi appunti siano diventati una sequela di pensieri astratti. Occorre metterli in pratica come amore alla vita. Provvedi, coraggio!

Finiscono qui gli appunti di Guido, anche se alcuni foglietti sparsi fanno intuire la traccia di altri pensieri non ancora affidati al diario.

L'indomani sarà per il signor Secchi una giornata molto impegnativa, e sarà come al solito al lavoro prima delle otto, prima dei suoi collaboratori. Anche Guido seguiva questa abitudine paterna di trovarsi sempre ogni mattina, pronto a predisporre od adattare alle circostanze, il lavoro della sua squadra, con un breve briefing di intesa con tutti i suoi collaboratori presenti.

Assorbito dal turbinare di molti pensieri, e consapevole dell'impostazione del lavoro che lo attende, il signor Secchi si lascia prendere da un sonno ristoratore.

Il rispetto dell'essere umano 'donna'.

L'indomani, dopo una intensa giornata, anche di importanti scelte per il futuro, il signor Secchi si concede una passeggiata sul sagrato, dove ritrova Giovanni e Francesco, che hanno appena terminato la usuale partita di calcio, intenti ad una animata discussione.

La cronaca cittadina ha riportato con molto rilievo, il tempestivo arresto di un extracomunitario, colpevole dello stupro di una studentessa avvenuto in pieno giorno, mentre questa, rientrando a casa dalle lezioni passava per una zona relativamente isolata dei giardini pubblici ai piedi della collina. Lo hanno tradito un particolare tatuaggio al braccio destro ed un morso disperato della ragazza alla mano, mentre tentava di impedirle di urlare.

Francesco, trascinato dall'emozione per l'offesa tremenda capitata proprio ad una sua compagna di scuola, sta dicendo: "Chi si rende colpevole di queste atrocità è reo di morte, non è più degno di far parte dell'umanità."

Il signor Secchi, che ha appena sentito, come sua abitudine, il notiziario radio locale, capisce, sopraggiungendo, quale sia l'origine di tanta concitazione.

"E' vero, - interviene salutando alla mano, - lo stupro è l'azione più distruttiva della personalità e della natura umana. Anche se ci sono stati e ci sono ancora popoli che lo considerano diritto di conquista, ma resta uno sfregio inaudito all'intera umanità, perché nessun uomo può pensare di avere il possesso di un altro essere umano."

"Non riesco a giustificare in alcun modo chi si rende colpevole di uno stupro; - incalza Giovanni - l'uomo che usa il suo organo di penetrazione come un grimaldello, non è degno di essere amato da alcuna donna; la dolcezza di una donazione reciproca del proprio corpo e della propria anima al partner, non può non essere presente a qualsiasi latitudine, e non può essere ignorata per soggiacere ad un bestiale impulso. Persino gli animali ci insegnano lunghe fasi di fantastiche capacità di corteggiamento. Noi uomini invece, violiamo, spesso vantandocene, l'intimo focolare dell'amore, di un essere umano che come noi ama la vita, senza renderci conto che la violenza le distruggerà, forse per sempre, il sapore della vita, perché è solo lei, la donna, la custode di ogni vita futura, e solo lei può dare il consenso alla dolcezza di donarsi. L'uomo non ha fortunatamente un grimaldello per accoppiarsi, anche se può usarlo come tale, e la penetrazione non è una conquista, ma una carezza profonda, in grado di far fremere di gioia il corpo e l'anima dell'essere vivo, della donna che gli si dona."

"Avete ragione , ragazzi. Non ho mai sentito tanta appassionata difesa dell'animo femminile, da parte di chi si affaccia ora alla vita di coppia, come siete voi.
Un uomo che si rende colpevole di uno stupro, che usa il suo corpo come una trivella per sbrecciare, anziché come una tenera chiave, non è degno di trovare ancora una donna che lo ami. E quando il suo approccio diventasse un gentile invito ad una persona che tenta di rispettare, non è degno di vedersi aprire uno scrigno, che racchiude molti tesori, come si dischiudono i petali di una rosa al tepore dei raggi del sole. Non sarà neppure sfiorato dal conoscere la

dolcezza del rispetto reciproco e sarà irrimediabilmente lontano dalla poesia dell'amore.

Vuol dire che per lui la donna, o meglio le donne, sono oggetti, sono sacchetti della spazzatura usa e getta, di cui non sa nemmeno distinguere la dolcezza della vita che vi palpita, altrimenti la rispetterebbe anche se fosse come un orso inferocito che insegue la preda. Ma la pena capitale che proponete, distrugge un'altra vita, anche se chi la possiede non sa, non si rende conto di che cosa sia il rispetto della vita altrui, ed il vero rispetto della personalità della donna. E sopprimere una vita, di un uomo comunque colpevole, mi pare non rientri nella filosofia della vita cristiana."

"E' vero, signor Secchi, ma uno stupro, come l'uccisione di un bambino, sono azioni che gridano vendetta, o meglio richiedono giustizia direttamente al Dio Creatore."

"Si, certo ragazzi, ma l'uomo è davvero in grado di farsi giustizia?

Non pretendo risposta, è solo una provocazione; ma resta difficile separare l'impulso di ribellione al male subìto, dal giudizio necessario per impedire altro male. E' solo qui, nell'impedire altro male, che possiamo e dobbiamo intervenire. Ma questo intervento è anche figlio del nostro atteggiamento verso la pace, come tu giustamente osservavi giorni fa. Sto imparando la lezione, Giovanni. Ogni nostra azione che non sia nel segno della pace, che non metta in gioco ogni momento la nostra responsabilità di amare la vita che ci circonda, bandendo ogni violenza, è un incentivo alla guerra, con gli altri, tutti gli altri e non crea quell'ambiente nel quale, anche un disgraziato come lo stupratore dei giardini, si potrebbe sentire diverso. La violenza è irrazionale, e l'irrazionale si può contrastare solo con l'irrazionale, come giustamente asseriva un professore di mio figlio. E mi convinco sempre più, che ciò che soprattutto manca al nostro generale comportamento, è un quotidiano pensiero di ringraziamento al Dio Creatore, una semplice preghiera spontanea; sarebbe un permanente aiuto a reagire nel modo più consono a scegliere di conservare l'eccellenza della vita in ogni circostanza. Ma questo è un altro discorso."

"Mi fa molto piacere che le sia venuto questo pensiero. Merita di riprenderlo quando verrà a conoscere la nostra organizzazione. Anche gli appunti di suo figlio possono essere una eccezionale base di discussione tra gli amici del nostro gruppo, e ne farei volentieri una raccolta se lei è d'accordo."

"Se può essere utile, certo Giovanni; ti porterò anche il secondo quaderno, ma ora mi hai involontariamente ricordato che stasera mi attende ancora un lungo viaggio per andare a trovare mia moglie, e si è fatto tardi senza che me ne rendessi conto. Arrivederci alla prossima settimana e buon fine settimana, ragazzi!"

"Buon viaggio, signor Secchi, a presto!", risuona immediata la risposta a due voci.

La guerra non dichiarata e l'amor di patria.

Dopo un paio di settimane di permanenza presso la clinica svizzera dove è ricoverata sua moglie, il signor Secchi si fa rivedere sul sagrato. Siamo ormai quasi in Avvento, ed i ragazzi hanno fatto una breve partita per riscaldarsi all'ultimo sole di una giornata fredda, premonitrice dell'inverno alle porte.

"Buona sera ragazzi, vi vedo quasi tranquilli a godervi l'ultimo raggio di sole."

"Si, signor Secchi, abbiamo avuto una giornata impegnativa all'università, ed ora stiamo discutendo sui venti di guerra che stanno sempre più avvolgendo l'Iraq ed il Medio Oriente."

"E' vero purtroppo; l'11 settembre 2001 c'è stata una dichiarazione di guerra totale da parte di terroristi ben organizzati all'intero mondo civile, non solo occidentale. E da qualsiasi parte provenga, Iraq, Bin Laden od altri fanatici assassini, temo non sia un episodio destinato a rimanere isolato, ma che gruppi di amorali senza scrupoli, ovunque sparsi, per proprio tornaconto o per pazzia, vogliano destabilizzare ed incendiare occidente e oriente, sfruttando la disperazione od il vuoto di alfabetizzazione che regna ancora in troppe parti del mondo."

"E' molto probabile, - interviene Giovanni - i terroristi hanno voluto cancellare platealmente quei simboli di efficienza della nazione americana che erano le due torri, togliere ogni illusione di sicurezza del cittadino americano entro i confini del proprio Stato, scardinare la vita di un casuale malcapitato qualsiasi, colpendolo nel suo ufficio, al suo lavoro, facendo una ingiustificabile strage di innocenti; è come se avessero attaccato il nostro paese o qualsiasi altro paese civile violando i confini della nostra stessa casa. Se vuoi distruggere un popolo, devi distruggere quella che quel popolo considera la sua patria, e lo avrai così immancabilmente come acerrimo nemico, pronto a battersi fino all'ultimo uomo; è ancora questa la reazione spontanea di ogni popolo, anche se nel secolo scorso il valore di patria è stato spesso distorto, travisato e dimenticato. Ed è ancora questa la reazione che dobbiamo attenderci dal popolo americano"

"Ma c'è ancora la Patria?" - provoca Francesco -

"Ciascun uomo ha una Patria, anche i beduini itineranti del deserto." - replica quasi indispettito Giovanni - La Patria è il luogo dove sei nato, dove hai imparato a conoscere ed amare la tua famiglia, dove sei cresciuto ed hai amato la natura che ti circonda, riconoscendoti una sua parte viva, dove la gente parla la tua stessa lingua e puoi comunicare agli altri i tuoi pensieri, dove hai passato la tua adolescenza e la tua giovinezza conoscendo gli amici più cari, dove hai trovato la compagna della tua vita e dove hai visto nascere i tuoi figli e morire i tuoi nonni ed i tuoi genitori, dove hai imparato a conoscere ed amare la tua gente e dove puoi ritrovare i tuoi compagni di scuola, dove ti affascinano e dove partecipi alle tradizioni, anche secolari, che la tua comunità rievoca e rispetta, dove ti parlano i poeti, gli artisti, gli scienziati ed i condottieri che ne hanno modellato la storia, dove vivi e lavori, grato di essere una ruota funzionante e produttiva dell'ingranaggio umano.

I tuoi avi hanno costruito, conservato e difeso anche a costo della vita, il focolare che ti ritrovi a tua disposizione, dove quanto meno puoi capire ed essere capito dai tuoi simili.

Se poi hai avuto la fortuna di crescervi e di conoscere a fondo il Paese in cui vivi, o la tua attività ti ha fatto allargare la Patria ad altri paesi ed altri popoli, la Patria resta l'immagine indistruttibile del focolare cui sei solito riscaldarti le mani ed il cuore, e chiunque voglia eventualmente attaccarla o distruggerla non può che trovare in te un suo strenuo difensore. E' come attaccare le origini e le radici della tua vita, e certamente non vuoi che nessuno si azzardi ad estirparle. Pensi ancora di non avere una Patria?"

Francesco è un po' sorpreso della foga di Giovanni, ma non ha nulla da obiettare alle quasi risentite osservazioni dell'amico.

Il signor Secchi è stato ad ascoltare pensieroso: "Di questo bel concetto di Patria ne è stato tenuto poco conto nella storia dell'umanità, mentre è una delle due motivazioni principali che alimentano ogni guerra, restando la prima motivazione esclusivamente la sopraffazione economica. Solo i Romani hanno seguito, fin dall'inizio della loro espansione in Italia, la politica di cercare di farsi alleati i popoli vinti, rispettandone, nei limiti della conservazione della conquista, usi e costumi. Nel Medio Evo e fino al Rinascimento abbiamo continuato a distruggerci ed a fare schiavi altri popoli, ma non c'era il concetto e probabilmente neppure la possibilità, di distruzione totale di un popolo, che ha cominciato a prender piede con la colonizzazione dell'America. Ma anche nel secolo scorso, fino ai nostri giorni, è stato così: i Turchi hanno voluto distruggere gli Armeni, Stalin i Russi Bianchi, Hitler gli Ebrei, Saddam i Curdi, fino alle tragedie ancora in corso come quelle dei Tutsi, dei

Sudanesi, degli Eritrei, dei Bosniaci o dei Kmer Rossi. La capacità distruttiva dell'uomo è illimitata, in particolare quando si ubriaca di cadaveri, cioè la violenza diventa fine a se stessa e sparisce la coscienza di fare del male ad un nostro simile. Piuttosto che riconoscere l'esistenza della Patria di un altro, del suo diritto alla vita finché egli non mostra di voler distruggere la tua, si preferisce abolire l'intera stirpe dell'altro. Ma succede come per le cellule cancerogene: finché non le distruggi tutte, qualcuna ritornerà a crescere rigogliosa.

In realtà, nessuno può vivere a lungo senza una patria, ed appena le circostanze glielo consentono, se è lontano dalle sue origini, se la ricrea, nel luogo dove la vita lo ha condotto a far parte di un branco, di cui necessariamente diviene membro effettivo."

"Ma questo, signor Secchi, è vero anche per Palestinesi ed Ebrei, attuali coabitanti del territorio che i Romani 2000 anni fa, chiamavano Palestina e Fenicia, abitato dalle tribù di Israele, ma anche da altri popoli come i Filistei od i Fenici." - interviene Giovanni.

"Certamente Giovanni, e ciascuno dei due contendenti ha il diritto-dovere di trovare ivi una patria stabile. Non volevo entrare in merito perché in Medio Oriente soffiano sul fuoco enormi interessi economici mondiali e poi non conosco personalmente né i palestinesi né gli ebrei. Ma anche in certe zone di quel martoriato paese, ebrei e palestinesi hanno trovato modo di vivere e lavorare a fianco a fianco, rispettando ciascuno le rispettive identità.

Se non vi è questo reciproco rispetto, chiunque ne abbia interesse operando dall'esterno, farà in modo che si scannino il più possibile, in modo che l'area non trovi mai pace, restando praticamente ingovernabile, proprio perché nessuno dei due popoli si sentirà accolto in una patria stabile dove ciascuno possa esprimere la propria vita e la propria creatività senza essere oppresso dall'odio per la presenza ostile altrui. La pace si costruisce solo con l'amore per gli uomini e per la natura che ci circondano, altrimenti si ricade nel comportamento 'mors tua, vita mea'.

Ma il controllo delle fonti dell'energia petrolio, con cui si può giocare un immenso ricatto alla vita attuale del cosiddetto Occidente, rende incandescente al limite della guerra distruttiva, ogni possibilità di compromesso e di accordo. E la legge che vi regna è quella: ' va dove ti porta il potere' e non il rispetto per l'uomo."

"Vedo che sta diventando del nostro parere, signor Secchi, ma non si può esportare il rispetto per l'uomo se non lo si ha in casa propria, né tanto meno cercare di farlo crescere in luoghi dove è difficile riuscire a sopravvivere anziché vivere."

"Ho dovuto riflettere, Giovanni, sulla tua filosofia di vita, e su quanto ha lasciato scritto mio figlio, ed ho dovuto concludere che siamo tutti noi, e non solo alcuni governanti illuminati e responsabili, che possiamo aiutare a costruire quel mondo di pace che tu auspicavi, pur stando lontani dalle zone calde, ma volendo costruire attorno a noi la vita, anziché essere accecati dalla volontà di potere, come troppo spesso ho fatto io."

"A volte, - interviene Francesco - mi convinco che basterebbe un po' più di buona volontà da parte di ogni individuo che non voglia rinunciare alla propria umanità, né tradire la propria scintilla di vita creatrice: se solo ciascuno cercasse di dare sempre il proprio piccolo contributo a rendere creativa di gioia la vita di chi ci circonda, di chi lavora con noi, di chi gioca con noi, in breve di chi si trova con noi nello stesso branco."

"Purché non si resti nel vago, come ha fatto Voltaire nella sua preghiera ad un Dio inconoscibile, - interrompe Giovanni - ma si resti ben saldi all'operatività, come mi è capitato di rileggere ieri in una bella poesia di Nino Cellupica, che suggerisce molto pragmaticamente come dovremmo sempre comportarci quando c'è qualcosa di apparente o di sostanziale che ci divide. Serve certo la buona volontà di voler vivere insieme nel branco, di smussare gli attriti e di seguire il capo del branco, quando lo abbiamo designato come tale. Domani te ne porterò una copia, mi pare si intitoli 'dammi la mano e andiamo'."

"Sono curioso di leggerla anch'io, Giovanni; anche Guido mi aveva accennato una volta a poesie di Cellupica, ma non abbiamo poi avuto occasione di riparlarne.

Si è fatto tardi, ragazzi, ed anche freddo. A domani!"

"A domani, signor Secchi."

La Madre di Dio e l'amore che dovrebbe regnare tra i suoi figli.

L'indomani è una giornata brumosa, con un pallido sole che fa capolino ogni tanto, dietro una bassa foschia.

Il signor Secchi, uscendo dall'ufficio verso sera, sente il desiderio di esprimere una preghiera al Dio Creatore, che egli sta lentamente riscoprendo, e rimugina tra sé uno degli ultimi pensieri riportati negli appunti del figlio: ' Ho cercato Dio e non lo ho trovato, ho cercato un amico e non lo ho trovato, ho cercato un fratello e li ho trovati tutti e tre."

Uscendo dalla chiesa incontra Francesco, mentre sta sopraggiungendo anche Giovanni:

"Buona sera Francesco, dove vai con quelle splendide rose bianche?"

"Domani è l'8 dicembre, e le sto portando sull'altare dedicato alla Madonna; è il mio modo di rivolgerle il mio pensiero perché non riesco a far diventare mia, la preghiera del S. Rosario. La trovo in me ancora troppo meccanica, troppo poco contemplativa. Considero la devozione alla Madonna uno dei cardini della preghiera quotidiana al Dio Creatore, e proprio stamattina ho tentato di spiegarlo al nostro amico Marco, protestante e convinto oppositore del culto ai Santi, sentendomi anche accusare di adorare i santi anziché Dio solo. Il culto di Maria non è adorazione, ma devozione verso colei che, Madre di Gesù, è anche corredentrice e nostra madre nei cieli, in attesa che torni a noi il Risorto.

Nessun cristiano vuol adorare Maria, confondendola con il suo Creatore, ma viene amata e venerata come la Madre di Dio, come la maggiore delle creature per il suo ripetuto si alle aspettative del Creatore."

"Bravo Francesco, - interviene Giovanni - giorni fa ho risposto allo stesso modo a quella mezza miscredente di mia sorella, che voleva contestare la straordinaria potenza delle preghiere alla Vergine. Maria è la Madre di Dio fattosi uomo, e Dante lo ha espresso mirabilmente nella preghiera di San Bernardo, nel suo ultimo canto della Divina Commedia:

> Vergine madre, figlia del tuo figlio,
> umile e alta più che creatura,
> termine fisso d'etterno consiglio,
> tu se' colei che l'umana natura
> nobilitasti sì, ch'el suo fattore
> non disdegnò di farsi sua fattura

Come vedi lo ricordo ancora a memoria. Ma Maria è anche la creatura non soggetta al peccato originale, che, senza avere le facoltà preternaturali perse da Adamo ed Eva per la ribellione al loro Creatore, ha evidentemente sempre ascoltato ed assecondato la parola del Signore. Messa alla prova ha sempre detto si, sia fatto secondo la Sua parola, ecco l'ancella del Signore, divenendone così la maggiore delle creature.

Non so quanto sia ortodosso questo pensiero, ma con questa risposta del tutto personale che mi è venuta spontanea, ho messo in fuga mia sorella, brontolante che noi cattolici avevamo avuto 2000 anni per prepararci a ribattere alle obiezioni sulla nostra fede. E l'Immacolata Concezione ha avuto anche clamorosa conferma con le apparizioni di Lourdes a Bernadette.”

“E' vero, Giovanni, ma la Vergine non ha certo bisogno del nostro riconoscimento, piuttosto della nostra preghiera di invocazione per aiutarci a vincere le tentazioni al male che ci si offrono ogni giorno. E da sempre, forse fin dalle nozze di Cana, è stata colei che poteva intercedere per noi presso Dio.”

“Non so come darvi torto, ragazzi, ma non sono ancora così spontaneo nel rivolgermi a Dio, da provare ad instaurare un colloquio, come forse riuscite a fare voi.”

“Non ci sopravvaluti, signor Secchi. Siamo anche noi creature in cerca di Dio, e la strada è certamente lunga. Ma ho qui quella poesia di Cellupica, cui le accennavo ieri, e forse può aiutarla, perché induce a trattare i nostri simili, per quanto da noi diversi, come dei fratelli, il che è il primo passo per arrivare a Dio. Ho anche rintracciato la preghiera scritta da uno dei padri dell'illuminismo, sorprendente per come siamo usi a considerare Voltaire, e forse troppo figlia della ragione, anziché dell'amore:

Preghiera di Voltaire

Mi rivolgo a Te
Dio di tutti gli esseri
Di tutti i mondi e dei tempi

Tu non ci hai dato un cuore
Perché ci odiassimo
Né delle mani
Perché ci strozzassimo
Fa' che ci aiutiamo l'un l'altro

A sopportare il peso
Di un'esistenza penosa e fuggevole

Fa' che tutte le sfumature
Che distinguono questi atomi
Chiamati uomini
Non siano segnali di odio e di persecuzione.

Fa' che coloro che accendono
Ceri per celebrarti
Non disprezzino coloro
Che si accontentano della luce del tuo sole.

Fa' che coloro che vestono una tela bianca
Per dire il loro amore per Te
Non disturbino coloro che dicono
La stessa cosa con un mantello di lana nera.

Possano tutti gli uomini
Ricordarsi di essere fratelli.

Se l'orrore della guerra è inevitabile,
non odiamoci almeno
quando regna la pace.

Usiamo questa esistenza
Breve come un istante
Per benedire in mille lingue diverse
Dal Siam fino alla California
La tua bontà
Che ci ha dato questo istante.

E ben più allegra e positiva la poesia
di Nino Cellupica:

Dammi la mano e andiamo!

Io sono nero. Io sono bianco!
Ma conosciamo gli stessi mari
che navighiamo,
gli stessi fiumi dove cantiamo.
Alla stessa acqua noi ci laviamo,
viene dal cielo
che noi guardiamo.
Per quel che siamo,
noi due ci amiamo,
come fratelli.
Dammi la mano e andiamo!...

Io sono bianco. Io sono nero!
Ma noi mangiamo lo stesso pane
E lo sudiamo.
Le stesse vie noi percorriamo
Lo stesso Dio noi oggi amiamo.
Su questa terra
tutti passiamo.
Per quel che diamo
noi due ci amiamo
come fratelli.
Dammi la mano e andiamo!...

Io sono nero. Io sono bianco!
Ma noi veniamo da padri e madri
che conosciamo.
Con gli stessi occhi noi rivediamo
bianca la pace che difendiamo.
E' azzurro il cielo
che noi solchiamo.
Per quel che uniamo
noi due ci amiamo
come fratelli.
Dammi la mano e andiamo!...

Io sono bianco. Io sono nero !
Non ha colore la libertà
per cui lottiamo.
Lo stesso cuore qui dentro abbiamo,
è la stess'aria che respiriamo.
La stessa vita
noi possediamo.
Per quel che udiamo
noi due ci amiamo
come fratelli.
Dammi la mano e andiamo!...

Io sono nero. Io sono bianco!
Ma dentro scorre lo stesso sangue
che poi versiamo.
Lotte tra gli uomini non ne vogliamo.
Ai nostri figli questo diciamo,
con gli occhi al cielo
mentre soffriamo.

Per quel che abbiamo
noi due ci amiamo
come fratelli.
Dammi la mano e andiamo!...

Io sono bianco. Io sono nero !
Ma uno è il sole che ci riscalda
e che aspettiamo
su queste valli dove viviamo
su queste bocche che noi sfamiamo
con queste braccia,
dove possiamo.
Per quel che diamo,
noi due ci amiamo
come fratelli.
Dammi la mano e andiamo!...

Io sono nero. Io sono bianco!
Le nostre mani son tutte uguali,
quando preghiamo.
Son tutte uguali se le stringiamo,
se sotto il cielo
ci inginocchiamo.
Per quel che siamo
noi due ci amiamo
come fratelli.
Dammi la mano e andiamo!...

Io sono bianco. Io sono nero !
Ma con questi occhi la stessa luce
noi due vediamo.
Fari di vita noi oggi siamo
in tutti i prati dove giuochiamo.
Vogliamo vivere,
perciò cantiamo!
Piccoli siamo,
ma già ci amiamo
come fratelli.
Dammi la mano e andiamo!...

E' nostro il mondo.
Vieni cantiamo.
Dammi la mano e andiamo!...

(Nino Cellupica)

I doveri tra i fratelli di un branco e la scelta di convivere in pace, distinguendo tra bene e male.

"Ho sentito il tuo distacco, Giovanni, nel leggere la preghiera ed il tuo entusiasmo nel leggere la poesia. Certo, il calore umano che esprimono, è diverso. Giustamente la poesia insiste sulla necessità di prendersi per la mano e di camminare insieme."

"Che vuol dire, - interferisce Francesco - giocare insieme, lavorare insieme, gioire insieme, vivere insieme anche se uno è bianco ed uno è nero, nel rispetto delle peculiarità di ciascuno."

"Mi fa piacere che tu abbia accennato nuovamente al rispetto reciproco; ma la natura dell'uomo, il suo egoismo, lo portano piuttosto ad essere invadente o peggio aggressivo, anziché al rispetto dell'altro. Se tu hai come ospite una persona che voglia importi le sue abitudini, le sue regole di vita, la sua filosofia e la sua religione, è evidente che prima o poi lo cacci via in malo modo, in quanto ti rendi conto che se lo assecondi, il risultato finale sarà la sua invasione della tua casa e la tua pratica o reale espulsione dalla tua proprietà. In questo, Oriana Fallaci ha perfettamente ragione."

"Si signor Secchi, ma è solo se non rispetti tu per primo le tue tradizioni, il tuo contratto per vivere insieme agli altri nel tuo branco, la tua religione, che qualcun altro potrà tentare con successo di importi la sua visione della vita, che egli mostra di rispettare. Abbiamo in realtà tutti in mente i nostri diritti e poco i nostri doveri relativi alla vita nel branco. Si è perso il concetto di dovere come impegno preso con se stessi, di rispettare l'Uomo nostro simile, la Natura che ci circonda e Dio Creatore. Non si deve più nulla, salvo cercare il proprio personale piacere."

"Temo sia vero, quanto dice Francesco, - osserva Giovanni - c'è una intera storia della filosofia della Vita sul concetto di dovere, da Socrate, Platone, Aristotele a Kant, Hegel, Croce ed al nostro pragmatico Mazzini, e non è certo il caso che io mi addentri in questo, ma per il semplice fatto di essere nato uomo, ciascuno prende più o meno automaticamente degli impegni con se stesso: il primo è di sopravvivere nel mondo in cui si trova catapultato, poi di vivere possibilmente in pace con chi ci ha generato e ci sostiene, con il branco di cui facciamo parte, con la natura in cui siamo immersi, poi di creare, anche insieme agli altri, quello per cui siamo stati creati, visto che ciascuno ha uno specifico carisma da esplicare, e sviluppare con la gioia di metterlo al servizio degli altri uomini. Ciascuno sa quello in cui riesce meglio, basta che non sia troppo pigro nel realizzarlo. Ed uno dei doveri collettivi spesso traditi è quello di non sprecare le risorse naturali che ci sono state date per vivere. Quelli personali discendono dagli obblighi di osservare le regole per vivere in branco, cui cerco di uniformarmi."

"Attenzione Giovanni, perché il senso del dovere, coltivato in ogni religione, è stato spesso usato per impedire alla gente di pensare, bloccandola con la scusa che si sta peccando contro qualche cosa o contro qualcuno, e questo può portare rapidamente al fanatismo, facendoci schiavi di chi soffia per proprio tornaconto, su ogni fuoco di malessere nato nella convivenza sociale."

"E' vero signor Secchi, - interviene Francesco - ma

per me dovere è anche la volontà di seguire ciò che regolamenta la vita del mio branco: le leggi, le convenzioni, la morale, ed il rispetto del dovere è quello che ci consente di prenderci per mano e di camminare insieme anche se siamo neri anziché bianchi. Dipende da noi vedere il lato positivo di ogni dovere, e non soffermarci sul fastidio che ne può derivare, cioè nell'impegno che dobbiamo metterci. Lavorare è certamente un dovere, ma se ci diamo la mano potremo farlo sempre con piacere e soddisfazione."

"Sei ottimista Francesco, - interviene Giovanni - ma il dovere richiede una capacità di sacrificio, cioè la volontà di mettere una parte di noi stessi al servizio della comunità di cui facciamo parte. E questo senso del dovere è quasi scomparso tra le nuove generazioni, come il senso di responsabilità della propria vita e di quella degli altri, e finché privilegeremo il nostro potere ed il nostro individualismo anziché il progetto di vita con gli altri e per gli altri, ripristinarlo resterà probabilmente un'utopia, almeno finché non trarremo le necessarie conseguenze dal fatto reale che nessuno di noi è un'isola, né vive fuori del branco.

Temo di doverti trascinare in un paragone che ti può sembrare non pertinente, ma che a mio avviso rende perfettamente lo spirito del dovere.

Quello che abbiamo chiamato senso del dovere accomuna certo gli eroi, cioè tutti coloro che più o meno liberamente sacrificano se stessi per la vita di altri uomini, ma deve essere presente anche in tutti coloro che pretendono di fare un giuoco di squadra.

Forse farai un po' fatica a seguirmi, perché chi non lo ha provato non lo immagina. Non so se ti è mai capitato di stare sull'attenti davanti ad una bandiera; o meglio, più terra terra, se hai osservato che per un ginnasta porsi sull'attenti significa dare la propria disponibilità di fisico e di spirito a seguire le indicazioni dell'allenatore o del capo squadra. Per un militare, mettersi sull'attenti significa dare la propria disponibilità, in guerra al limite anche della sua vita, al comandante cui ha promesso di obbedire; e mettersi sull'attenti davanti ad una bandiera significa chiamare a testimoni tutti coloro che si sono sacrificati per l'ideale rappresentato da quella bandiera, ripromettendoci che anche noi non saremo da meno e siamo pronti a fare altrettanto, se saremo chiamati.

Ebbene, ciascuno di noi dovrebbe mettersi ogni giorno sull'attenti davanti a se stesso, ed allo spirito dei suoi padri, chiedendosi se sta soddisfacendo gli impegni di vita che ha preso tacitamente o palesemente con se stesso.

Il branco non può vivere e crescere senza regole, e se vi vogliamo crescere dentro, dobbiamo rispettare le regole di convivenza senza distruggere nessuna vita del branco per far progredire o prevalere la nostra. E spesso non osservarle è solo questione di pigrizia.

Se vogliamo essere fedeli a noi stessi, dobbiamo rispettare le regole di convivenza che più o meno palesemente abbiamo sottoscritto nell'entrare a far parte del branco, come ci hanno voluto trasmettere i nostri padri quando hanno dato il loro contributo a costruire la nostra società. E sono le stesse regole che abbiamo richiamato nel primo incontro con lei, signor Secchi, quando mi ha chiesto che cosa per me è bene e che cosa è male; e quelle regole non sono solo cristiane ma universali per chi vuol ascoltarle dentro se stesso, quando si impone di non fare agli altri quello che non vorrebbe fosse fatto a sé, ma piuttosto preoccuparsi di fare agli altri quello che vorrebbe fosse fatto a sé.

Dobbiamo in sostanza provare sempre a dare al branco tutto l'amore alla vita che ci arde in corpo, e che non può essere solo amore per la nostra vita, ma anche per quella degli altri e per tutto il creato. E, come abbiamo già accennato, non è qualche cosa di teorico, ma si misura nel modo in cui cerchiamo di creare la pace nella nostra vita di ogni giorno, opponendoci alla mancanza di rispetto verso l'uomo, in ogni forma si presenti sulla nostra strada."

"E' un bel discorso, Giovanni, ma richiede certo molta capacità di sacrificio se non eroismo, e si corre il rischio che il tuo impegno non ti sia neppure riconosciuto."

"No signor Secchi, se tutti ogni giorno facessero la loro parte di impegno per opporsi al male, sono sicuro che sarebbe un modesto peso per tutti. L'eroismo nasce quando l'uomo si lancia nella mischia, anche se sa di essere solo. Ma non è sempre così."

"Forse hai ragione Giovanni, ma stiamo scivolando verso la teoria, torniamo alla pratica della vita quotidiana, anche se Leonardo ci ammoniva che non esiste pratica senza teoria, come non sussiste teoria senza la relativa pratica applicazione."

"Vero signor Secchi, per avere rispetto per gli altri bisogna crederci, come condizione necessaria di sopravvivenza nel branco, altrimenti diventa molto più facile e redditizio fare il bandito, che ha per scopo la sopraffazione degli altri che compongono il branco. E bandito deriva da bandire; chi non rispettava le regole per la sopravvivenza nel branco, fin dai tempi più antichi veniva bandito dal branco, cioè buttato fuori. Allora era una possibile pena, vista la scarsità di luoghi abitati; ora non ha significato, e l'eventuale isolamento del bandito viene realizzato con la prigione, spesso perfettamente inutile a recuperare al branco chi non vuol rispettarne le regole di convivenza. Ma nel nostro mondo attuale, si comporta da bandito anche chi non paga le tasse, o chi fornisce servizi che non servono a nulla, rinviandoci da un ufficio ad un altro, e non solo chi fa lo strozzino, od il ricattatore, od il rapinatore, l'assassino o il ladro, il calunniatore o lo spacciatore di droga, o il vandalo confuso tra la folla che si diverte a sfogare il suo odio contro la società distruggendo indisturbato le proprietà altrui, o chi butta i propri rifiuti in mezzo alla strada, obbligando altri a raccoglierli, o il bullo fracassone sulla sua moto truccata, che passa alle 5 di mattina rombando come un aereo, rubando di soprassalto il sonno a tutta la contrada, ma anche chi retribuisce male i suoi collaboratori, chi non si presenta al lavoro come pattuito, chi non rispetta la parola data, chi evita di prendersi le proprie responsabilità, chi non richiama un figlio che sbaglia, chi non trasmette la sua esperienza a chi gliela chiede, chi fa male il suo lavoro, chi mette in pericolo la vita altrui e la propria per assecondare il proprio piacere di ubriacarsi correndo poi per le strade a velocità pazza, chi sperpera i risparmi altrui affidati con fiducia alla sua impresa, cioè, in breve, chi si rifiuta di stare al giuoco del branco, in armonia di intenti verso la vita di ciascun essere umano."

"Ma allora siamo quasi tutti un po' banditi, Giovanni, spesso senza prenderne coscienza!"

"Più o meno si, signor Secchi, anche se veramente bandito è colui che sa di tradire il branco, nascondendosi nell'anonimato; in particolare ci comportiamo da banditi quando crediamo di fregare lo Stato, che in realtà siamo noi, e non facciamo altro che tradire noi stessi ed infrangere il patto di partecipazione al branco che abbiamo firmato quando siamo entrati a farne parte. In pratica rifiutiamo spesso la responsabilità di essere un elemento del branco, di essere un uomo, e ci dimentichiamo che festeggiare la maggior età, vuol dire proprio diventare corresponsabili del funzionamento del branco, come ad esempio ben sanno le tribù primitive dell'Africa o quelle eschimesi dei Paesi Artici, dove divenire adulto, significa spesso assumere responsabilità della stessa sopravvivenza del branco.

Non vorrei sembrare monotono, ma o rispettiamo gli altri esseri umani anche nel piccolo, fino in fondo in ogni nostra azione, come rispettiamo noi stessi, o la sola reale alternativa è la prevaricazione del più forte, cioè la guerra."

"Ma il male che c'è nel mondo, Giovanni, non è frutto solo della cattiva volontà degli uomini, anche se a volte sembra che la Natura si ribelli al cattivo uso che facciamo delle risorse che ci mette a disposizione."

"Alt, signor Secchi, abbiamo parlato fino ad ora delle possibilità che hanno gli uomini di costruirsi la pace, di evitare di farsi male reciprocamente. La presenza del male fisico e morale nel mondo, richiede un più ampio discorso perché coinvolge il trascendente, il mistero della nostra vita che ciascuno vorrebbe conoscere, e che ci accompagna comunque.

Per un approccio al mistero della presenza del male nella vita le posso ricordare tre indicazioni, ma non ci è data una chiave di apertura del mistero e credo nessuno può pretendere di darle risposta su come e perché siamo chiamati ad affrontarlo. La prima indicazione è di Alessandro Manzoni, che, come 'sugo' di tutta la storia dei Promessi Sposi, fa dire a Renzo e Lucia: ' I mali vengono o per colpa o senza colpa; in ogni caso la fede in Dio li rende utili per una vita migliore'. La seconda è di Gesù: 'Cercate il Regno di Dio e la sua Giustizia, il resto vi sarà dato in sovrappiù'. La terza è il ' Corpo Mistico di Cristo' cui ciascuno è chiamato a partecipare, portandovi la sua propria croce."

"Giovanni ha toccato uno dei punti focali e cruciali del mistero che attraversa la nostra vita, - interviene Francesco - e temo sia solo l'abitudine alla preghiera costante al Dio Creatore, che può farci superare le tentazioni al male ed il male stesso, visto che la nostra natura, secondo la parola stessa di Dio, nella Genesi, inclina fin dall'adolescenza al male. Pregandolo ogni giorno di aiutarci a fare la sua volontà, in particolare se è in contrasto con la nostra. E non si prega solo in ginocchio e a mani giunte, ma anche facendo con piacere e bene il proprio lavoro, spendendo bene il nostro tempo, partecipando alla vita del branco come ci è richiesto, opponendosi a chi fa il male del branco, facendo per gli altri quello che vorremmo fosse fatto per noi."

"E' probabile che voi abbiate ragione, ragazzi, ma io devo ritrovare la mia fede."

"Lei la ha già ritrovata, signor Secchi, altrimenti non sarebbe qui con noi, per calmare quel qualche cosa che ancora la rode dentro, ma dia tempo al tempo. Pensi ancora che suo figlio e tutti i suoi cari scomparsi, la vedono, e provi a comportarsi sempre come farebbe piacere a loro se fossero ancora fisicamente tra noi. La aspettiamo sempre a far parte del nostro gruppo di consulenza gratuita per i giovani che sono ancora in fase di inserimento nel mondo del lavoro; può darsi che si trovi a far da fratello maggiore a qualcuno che ancora non conosce di persona, ma a cui potrebbe essere molto utile."

"OK ragazzi, ma prima devo recuperare mia moglie, e per questo servirà forse qualche mese di mia partecipazione attiva e continua alle sue cure, anche viaggiando insieme, come mi hanno consigliato i medici, e quindi ne potremo riparlare seriamente a primavera. Intanto rifletterò su queste chiacchierate, di cui vi sono grato; vi auguro un buon Natale, ragazzi, ed un felice Anno Nuovo, anche in questo pazzo mondo, più assetato di guerra che di pace."

"Auguri signor Secchi, ma io ho ancora il suo secondo quaderno di Guido."

"Grazie Giovanni, ma se non ci vediamo in questi giorni prima che parta, me lo restituirai al mio ritorno. Come vedi sto facendo un atto di fede oltre che di fiducia."

"Certamente" , sorride Giovanni, e con Francesco stringono la mano al signor Secchi, che se ne va pensieroso, ma determinato a festeggiare il S. Natale ed il Nuovo Anno con lo stesso entusiasmo che aveva da ragazzino.

La tormentata scelta di provare ad essere in pace con Dio, con se stessi e con gli uomini.

Qualche giorno dopo il signor Secchi riceve da Giovanni un e-mail.

'Caro signor Secchi, nel leggere il secondo quaderno di suo figlio, ho trovato nelle ultime pagine, dopo molte altre bianche, degli appunti intitolati 'pensieri da rivedere' di cui credo lei non si sia accorto. Glieli riporto in allegato. Credo proprio che quegli appunti le aprano una ampia gamma di problemi, da risolvere con la preghiera e con la fede, e sono convinto che ci riuscirà. Cordiali saluti. Giovanni.'

Il signor Secchi, apre subito il file allegato, e viene immediatamente assorbito dalla lettura di tre dense paginette che gli pongono ulteriori problemi:

'Pensieri da rivedere, ma utopistici senza una diffusa, costante, pratica del rispetto reciproco'

Comportamento anti-sociale di chi non vuol trasferire la propria esperienza agli altri.

Per il fatto stesso di vivere non possiamo non interagire con gli altri, e quindi non usufruire anche se non volessimo, della esperienza degli altri, dando inevitabilmente la nostra in cambio.

Se si sceglie di vivere in società occorre sacrificare qualche cosa di noi stessi per la società stessa, cioè occorre dare qualche cosa che contribuisca al buon funzionamento della società. Una delle cose da dare senza condizioni, ma per il solo fatto di appartenere alla società, è di mettere la propria esperienza al servizio della società. Così come noi trasfondiamo la nostra esperienza ai nostri figli senza chiederne una ricompensa, occorre che, in particolare se richiesti, trasferiamo la nostra esperienza di lavoro e di vita ai nostri colleghi, e questo trasferimento non può in alcun modo essere oggetto di lucro, bensì un passaggio ed uno scambio che serve a costruire la società. E chi vuole e desidera che gli altri trasferiscano a lui la loro esperienza, cominci col dare la sua agli altri. Sarà sicuramente ricambiato più rapidamente di quanto non si aspetti. Se poi c'è qualcuno che pensa che l'istruzione gli sia dovuta, da parte della società, si sbaglia. L'istruzione gli è dovuta solo se comincia lui a dare la sua esperienza alla società.

GS

La vita è una sfida d'amore: Dio ce la riaffida ogni momento perché noi la prendiamo con gioia e la offriamo con gioia, vivendo l'impegno e la soddisfazione di risuonare in armonia con il Creato, cioè con il Creatore.

GS

Penso che ogni uomo nella sua vita sia messo di fronte alla stessa scelta di Adamo ed Eva: riconoscere il suo stato di creatura e viverlo in armonia con il Creatore.
Ciò significa donazione continua di noi stessi alla Sua volontà, rintuzzando ogni giorno l'orgoglio umano e la naturale tendenza ad abboffarsi di ogni cosa.
Se scopriremo o gusteremo ciò che ci è dato, o che faticosamente siamo chiamati a costruire, nella gioia di essere una parte viva del Creato, saremo pronti a ritrarci fino ad annullarci se necessario, per la gioia e

la vita di un'altra creatura. L'equilibrio necessario per fare questo nasce dalla scelta diuturna delle cose e delle attività scomode e di quelle comode nella misura corrispondente alla nostra gioia di vivere, capace di trasformare tutto in azioni creative. L'esercizio della creatività, che è donazione continua di noi stessi, è la linfa del nostro cervello, della nostra anima, dei nostri muscoli. Se non la utilizziamo in armonia con il Creatore, le nostre cellule stesse si rifiutano di rigenerarsi e si invecchia in corpo e spirito senza che neppure ce ne rendiamo conto.

GS

La preghiera serve per ritrovare negli altri il modo di esprimersi di Dio in loro.

Madre Teresa di Calcutta.

Sono certo che ciascuno di noi emette delle vibrazioni sue proprie e che si possono misurare, e così come emettiamo siamo in grado di ricevere le vibrazioni del mondo che ci circonda e dei nostri simili in particolare.

L'armonia come la disarmonia di queste vibrazioni agiscono direttamente sui nostri ricettori, anche se non sempre ne siamo coscienti, e possono condizionare il nostro comportamento, così come succede per il tam-tam dei popoli primitivi o per l'oratoria incantatrice dei più noti gestori di popoli o per la terribile arma inibitrice della volontà che è la televisione.

GS

Ciascuno di noi è come un diapason con una sua lunghezza d'onda fondamentale assegnatagli dal Creatore. Se emetterà con quella lunghezza d'onda sarà in armonia con l'universo e ne riceverà il messaggio. Ma spesso ci creiamo delle interferenze che non ci permettono che di emettere e di ascoltare confusamente.

Ciascuno di noi è in grado di emettere ed assorbire "vibrazioni" che entrano a comporre la vibrazione complessiva di ogni individuo e che sono comuni a tutti e determinano il comportamento di ciascuno di noi. Un insieme di queste vibrazioni esprime certamente lo stato di salute dell'individuo, così come un altro insieme, ma a questo connesso, può esser fatto risuonare da chi ci circonda, condizionando il nostro comportamento o meglio facendoci emettere vibrazioni particolari.

La grancassa di un oratore o la musica ritmica propria di tutte le popolazioni primitive, possono entrare nel nostro equilibrio di vibrazioni, alterandolo a favore di una vibrazione specifica, se la nostra vibrazione fondamentale non è sufficientemente pura.

Credo che il sonno faccia parte della nostra vibrazione fondamentale, e che la sua alterazione faccia variare lo stato di salute dell'individuo, e credo che tutte queste vibrazioni siano misurabili, anche se non so ancora come.

GS

Il cibo, in particolare se preso solo per soddisfare un bisogno senza che sia esso stesso un rito ed una forma di preghiera, impedisce la vera preghiera e la comunicazione con Dio. Dovrebbe essere commisurato al suo reale consumo, e quanto più una persona è spiritualmente elevata, tanto meno ne ha bisogno. Il cibo è una componente essenziale dell'equilibrio psico-fisico dell'individuo, ma troppo spesso viene assunto solo per abitudine e senza una reale motivazione; è questo che lo rende indigesto, anziché fonte di energia e di vita. Ed il rispetto stesso che un uomo porta agli altri uomini si può misurare dal rispetto con cui ognuno di noi tratta il cibo. Il modo con cui si considera e si consuma il cibo, rispecchia il nostro impulso interiore di sopraffare o di osservare, ascoltare e colloquiare con chi ci sta di fronte.

GS

Forse l'umanità che parlava una sola lingua è stata dispersa a Babele, perché confidando nella propria potenza, usava la sua facilità di comunicare e di essere un solo popolo, per sfidare anziché servire Dio.

Se è così, ci sarà impossibile riunirci a parlare un linguaggio comune, finché, anziché perseguire ciò che ci rende potenti sugli altri uomini, non avremo per fine comune quello di servire Dio, cioè di seguirne le leggi che, anche se nolenti, regolano comunque la nostra vita. Ciò significa che i nostri tentativi di riunire le nazioni nelle varie comunità attualmente sperimentate, sono destinati al fallimento finché non saremo convinti e ci comporteremo realmente di conseguenza, in modo da vivere tutti insieme anziché vivere gli uni contro gli altri.

E' in espansione in tutto il mondo un linguaggio comune, quello dei calcolatori, che hanno per fondamento la logica del si e del no. Quel linguaggio potrà forse riportarci sulla strada di pensare ed agire insieme, anche se non so ancora bene come.

GS

Non bisogna mai spegnere un entusiasmo, uno slancio, una iniziativa, ma eventualmente solo orientarli ad un indirizzo più produttivo. Chi sa dirigere altri uomini, sa anche tirarne fuori tutto quello che possono dare.

GS

A Betlemme è l'inizio del nuovo corso della storia, con la proclamazione della 'religione' del rispetto reciproco, ama il prossimo tuo come te stesso, per una più grande irradiazione della civiltà di ciascun popolo: ma questo corso è affidato alla responsabilità di ciascuno di noi. Di fatto, per la 'legge universale' della solidarietà, che solo le catastrofi naturali risvegliano, e per la dottrina cristiana del corpo mistico, la dignità umana, la libertà e la giustizia dipendono da tutti noi nell'insieme e come individui. Ed ho l'impressione che la pace nel cuore dell'uomo come in ogni branco che popola la terra, coincida con la presenza viva dello Spirito Santo, altrimenti ciò che domina è la guerra e la distruzione reciproca.

GS

Se qualcuno vuol sottrarsi alla propria responsabilità, dicendo di aver obbedito ad un ordine, in pace od in guerra, deve convincersi che nessuno può costringere un altro uomo al proprio volere senza il consenso di quest'ultimo, che resta comunque responsabile delle proprie azioni.

GS

Mi sto chiedendo che scopo può avere la vita, se non ha come primo quello di conoscere ed amare il Dio Creatore attraverso la conoscenza delle sue creature, uomini e non, attraverso la nostra interazione con essi e la dedizione della nostra vita alla vita comune. Chi non è in grado di dare la propria vita per chi ama o per quello che ama, non vive veramente.

GS

"Guido accentua anziché risolvere i miei interrogativi, ma mi costringe ad ammirare la sua fede nell'uomo e in Dio ..." dice tra sé il signor Secchi, che ha fatto le ore piccole davanti al computer, mentre finisce di scorrere rapidamente quelle che una volta avrebbe considerato solo vane elucubrazioni del figlio, anziché riflessioni coinvolgenti il suo reale approccio alla vita; non si aspettava di ricevere più nulla di impegnativo dalla posta elettronica, stampa l'ultimo file per rileggerlo con calma il giorno dopo, e, vinto dalla stanchezza, cerca di addormentarsi, anche se lo tormenta per un po' il pensiero di Guido. Si sente colpevole di non averlo aiutato abbastanza e gliene chiede mentalmente perdono e si rimprovera di aver scoperto così tardi nella sua attivissima vita, la viva presenza dei credenti nel Dio cristiano, e del conforto che avrebbe potuto avere se fosse stato in sintonia con loro.

L'indomani lo sveglia un raggio di sole che penetra attraverso la tenda scura semisocchiusa della finestra. La giornata è fredda ma invitante, e decide di fare una breve passeggiata nel parco che circonda la villa della

Casa di Riposo ove è ancora ricoverata sua moglie, in attesa di conoscere gli esiti degli ultimi esami e la prescrizione delle conseguenti terapie; spera di approfittare dell'allegria dell'atmosfera Natalizia, che anche lì si preannuncia, per tentare di farla rientrare nella vita normale, ma sa che ora lo aspetta un duro lavoro per riportare a casa la moglie, anche se è decisamente più serena della precedente visita.

Si avvia nel parco con passo svelto, avendo in tasca gli appunti di Guido, ma l'aria pungente non gli consente di soffermarsi a rileggerli. La splendida natura che lo circonda , anche se addormentata nel freddo invernale, le vette già innevate che si stagliano nel cielo azzurro e le pinete appena spolverate di neve, che fanno da corona al paese che si intravede oltre il parco, lo accompagnano in una decisione che in realtà maturava da tempo. Di fronte all'immensità della Natura ed al mistero della Vita, che ancora stamattina ha visto animare di speranza gli ospiti della Casa di Riposo intenti a preparare il Natale, si sente infine di abbandonare il suo orgoglioso razionalismo, e di fare la stessa scelta di Pascal, preferendo il mistero all'assurdo, ributtandosi nella mischia della vita e risalendo il faticoso sentiero che porta a testimoniare la fede cristiana.

Segue ormai Guido nel considerare indispensabile soddisfare l'imperativo del rispetto reciproco per vivere in pace in ogni branco umano, come pure nel branco mondiale, ma pensa che senza un preciso impegno morale di ciascuno, non vi sia grande possibilità di realizzare quell'imperativo; non basta infatti la prospettiva che l'alternativa al comportamento del rispetto reciproco sia solo la guerra o comunque lo scontro armato. E sa che l'impegno morale non è facile da radicare nel cuore e nella mente dell'uomo, se non c'è un Dio che lo testimonia.

Con questi pensieri, rientra verso la villa, e si siede a rileggere infine gli appunti di Guido nella veranda-serra che dà sul parco e da cui si vede tutta la vallata.

E' ancora assorto, apparentemente intento a guardare il panorama, quando viene a chiamarlo la suora infermiera che ha in cura sua moglie, e con la quale ha spesso discusso di temi esistenziali, facendola quasi sempre scappare inorridita; le notizie che porta su sua moglie sono rassicuranti, ed egli quasi senza accorgersene, avvia con la suora un discorso piano e tranquillo, tanto che la sorella si sente invogliata a discutere.

Tornano infine, come altre volte, sul tema dell'esistenza di Dio, e la sorella credendo di coglierlo alla sprovvista gli chiede:

"Signor Secchi, se ora le dicessero che domani deve morire, lei come si comporterebbe?".

"Ebbene sorella, forse sarà sorpresa della mia risposta, ma continuerei a fare quello che stavo facendo; ora non ho più paura di morire, poiché credo di aver ritrovato nel Dio Cristiano e nel sacrificio di Gesù per noi morto e risorto le risposte che cercavo, e tento di vivere ogni giorno come se avessi davanti a me ancora cent'anni o un giorno solo."

La suora, un po' sconcertata dalla risposta inaspettata, esclama:

"Grazie a Dio, signor Secchi, pensavo di coglierla in castagna, ma sta mettendo invece me in imbarazzo; ma lei è ora nella condizione migliore per essere il più efficace possibile nel ricupero di sua moglie, e non può mancare il bersaglio. Auguri di cuore!"

"Grazie Sorella, ma non toglieremo il disturbo fino a primavera, secondo quanto mi ha accennato il medico ieri sera. Avremo tempo di riparlarne, anche se interromperemo spesso il nostro soggiorno qui, con viaggi, tornando solo per i controlli periodici necessari."

La sera stessa riparte l'ultimo e-mail per i ragazzi: "Come regalo di Natale, devo dirvi che, grazie a voi, ho ritrovato la fede e la volontà di recuperare ad ogni costo mia moglie. La tragedia di Guido mi ha portato alla difficile scelta di non prevaricare mai più per seguire il potere, anche se l'indecisione di troppi che preferiscono non prendersi la responsabilità di vivere, dicendo si o no al bene o al male, mi fa ogni tanto perdere la pazienza.

Proverò a far diventare pratica quotidiana l'incitamento di Leonardo: 'Chi non si oppone al male comanda che si faccia.' o, altrettanto fondamentale 'se la cosa amata è vile, anche l'amante si corrompe; quando l'amante raggiunge la cosa amata,in essa si riposa.'

Ma ho ancora molte cartucce da spendere, ed a primavera mi metterò a vostra disposizione.

Auguri, ragazzi e Buone Feste!"

Alessandro Secchi

Una scommessa per costruire la pace

Finito di stampare in dicembre 2007

Tutti i diritti riservati a Giorgio SIMEONE
Via Palestro 15, Brembate di Sopra,

24030 (Bergamo) Italia